David Evans
Verschwendung

David Evans

Verschwendung
Wie aus Nahrung Abfall wird

Aus dem Englischen von
Cornelius Hartz

Copyright © David Evans, 2014
Translated from the English language: FOOD WASTE
First published by: Bloomsbury Publishing Plc

Die Deutsche Nationalbibliothek verzeichnet diese Publikation
in der Deutschen Nationalbibliografie; detaillierte bibliografische Daten
sind im Internet über http://dnb.d-nb.de abrufbar.

Der Konrad Theiss Verlag ist ein Imprint der WBG.

© 2017 by WBG (Wissenschaftliche Buchgesellschaft), Darmstadt
Die Herausgabe des Werkes wurde durch die Vereinsmitglieder der WBG
ermöglicht.
Lektorat: Madeleine Prahs, Leipzig
Satz: Martin Vollnhals, Neustadt a. d. Donau
Einbandabbildung: © Fotolia / highwaystarz
Einbandgestaltung: Christian Hahn, Babenhausen
Gedruckt auf säurefreiem und alterungsbeständigem Papier
Printed in Germany

Besuchen Sie uns im Internet: www.wbg-wissenverbindet.de

ISBN 978-3-8062-3494-7

Elektronisch sind folgende Ausgaben erhältlich:
eBook (PDF): 978-3-8062-3555-5
eBook (epub): 978-3-8062-3556-2

„Sie hat Schuldgefühle, wenn sie es nicht kauft. Sie hat Schuldgefühle, wenn sie es kauft und nicht isst. Sie hat Schuldgefühle, wenn sie es im Kühlschrank sieht. Sie hat Schuldgefühle, wenn sie es wegwirft."

(Don DeLillo, *Weißes Rauschen*)

Inhalt

Danksagung

Die Recherchen für dieses Buch wurden mir durch ein Post-Doc-Forschungsstipendium des Sustainable Consumption Institute an der University of Manchester ermöglicht und durch Mittel des britischen Economic and Social Research Council (ES/L00514X/1). Einen Teil des Buches habe ich im Rahmen meiner Tätigkeit als Gastforscher beim Studienprogramm *The Waste of the World* (RES000232007) geschrieben, das ebenfalls vom Economic and Social Research Council finanziert wird.

Ich danke meinen Kolleginnen und Kollegen beim Sustainable Consumption Institute dafür, dass sie ein intellektuelles Umfeld geschaffen haben, in dem viele der Ideen entstehen konnten, die diesem Buch zugrunde liegen. Insbesondere möchte ich mich bei Dale Southerton, Alan Warde, Daniel Welch, Luke Yates, Alison Browne, Andrew McMeekin, Sally Gee und Elvira Uyarra bedanken. Ein herzliches Dankeschön schulde ich auch meinen Kolleginnen und Kollegen am Institut für Soziologie an der University of Manchester, u. a. Elisa Bellotti, Wendy Bottero, Nick Crossley, Anna Einarsdottir, Brian Heaphy und Joseph Ibrahim, die mich in verschiedenster Form beraten, unterstützt und ermutigt haben. Ein ganz besonderer Dank geht an meinen guten Freund und Bürokollegen James Rhodes.

Für die vielen anregenden Diskussionen über Lebensmittel, Lebensmittelabfälle und damit verbundene Themen möchte ich Hugh Campbell, Nicky Gregson, Peter Jackson, Alan Metcalfe, Matt Watson, Angela Meah, Justin Spinney, Monica Truninger und Ben Coles danken. Besonders erwähnen möchte ich an dieser Stelle Anne Murcott. Ich möchte sie nicht in Verlegenheit bringen, aber ich muss einfach betonen, dass ein Sozialwissenschaftler wie ich niemals in der Lage wäre, ein Buch wie dieses hier zu schreiben, hätte sie nicht die Grundlagen dafür geschaffen. Stattdessen möchte ich meiner Dankbarkeit für ihre Großzügigkeit, Anleitung und Freundschaft zum Ausdruck bringen. Besonders dankbar bin ich dafür, dass sie meine Entscheidung, die Arbeit am vorliegenden Buch zu unterbrechen, zunächst wohlwollend hingenommen hat, mich dann aber – etwa einen Monat später – mit vielen warmen Worten (und ein wenig Hilfe von Hugh Campbell) veranlasst hat, die Arbeit wieder aufzunehmen.

Es hat eine ganze Weile gedauert, bis das Buch fertig war, und verschiedene Teile davon habe ich in den vergangenen drei Jahren bereits probeweise auf diversen Konferenzen vorgestellt. Dabei habe ich viel nützliches Feedback erhalten sowie zahlreiche Kommentare von Kolleginnen und Kollegen; leider kann ich hier nicht alle namentlich erwähnen.

Auf der Konferenz FOODSCAPES, die die Universität Graz im September 2013 organisierte, hatte ich an einem kritischen Wendepunkt in meiner Arbeit Gelegenheit, mein Buch vorzustellen – ich schulde allen, die sich die Zeit nahmen, mir ihre Meinung und Kritik mitzuteilen, aufrichtigen Dank, insbesondere Mike Goodman, Mara Miele, Julie Guthman und Melissa Caldwell. Zusätzlich hatte ich das Glück, mit einer Reihe von Menschen in Kontakt zu stehen, die sich auf ganz praktische Weise dafür engagieren, dass weniger Lebensmittel weggeworfen werden. Ich kann nicht genug betonen, wie wertvoll diese Kontakte für mich waren; allen voran möchte ich Tom Quested für sein fortgesetztes Engagement und unsere vielen aufschlussreichen Gespräche danken.

Bedanken möchte ich mich auch bei meinen Eltern Mike und Jeanette und meiner Schwester Joanne – vor allem hoffe ich, dass sie dieses Buch dafür entschädigt, wie oft ich als Jugendlicher am Esstisch die Moralkeule geschwungen habe.

Außerdem danke ich Nick Wilshin und Nick Jenkins, zweien meiner ältesten Freunde, und Kimberley de Jong (der ich insbesondere für die Zahlen in Kapitel 8 Dank schulde). Ein Großteil dieses Buches entstand jeweils freitags im Frühjahr und Sommer 2013, und ich danke den zahlreichen Menschen, die mit mir in verschiedenen Konstellationen am Donnerstagabend Rum getrunken haben, u. a. Sarah Owen, Nick Clough, Benn Smith und Jeremy Lane. Ein ganz besonderer Dank geht an Mike Hewitson und Catherine Metzger dafür, dass sie (fast) jeden Donnerstag vor Ort waren, und dafür, dass sie mir eine so angenehme Gesellschaft waren.

Doch zurück zum Buch: Ich danke Daniel Miller dafür, dass er mein Projekt von Anfang an unterstützt hat, und allen Mitarbeiterinnen und Mitarbeitern von Berg/Bloomsbury, dass sie mir auf jedem Schritt der Veröffentlichung mit Rat und Tat zur Seite standen. Mein ganz besonderer Dank gilt Louise Butler, nicht zuletzt für ihre unendliche Geduld. Und ich danke Daniel Miller, Zsuzsa Gille, Nicky Gregson, Anne Murcott und insbesondere Melissa Caldwell für ihre Kommentare zum ursprünglichen Konzept und/oder der letzten Fassung des Manuskripts. Ihre Kommentare und Anregungen haben die Qualität des fertigen Buches zweifellos noch einmal verbessert (auch wenn dabei natürlich der übliche „Haftungsausschluss" gilt).

Und – *last, not least* – danke ich allen, die so freundlich waren, mich während meiner Feldforschung bei sich daheim aufzunehmen.

David Evans
Salford, Januar 2014

Prolog
Vom Leben (und Sterben)
unserer Nahrung

In diesem Buch geht es darum, wie und warum in einem Haushalt Lebensmittel weggeworfen werden, die eigentlich dafür gekauft wurden, dass sie jemand isst. Die Prämisse an sich ist relativ simpel: Ich möchte untersuchen, wie aus Nahrung am Ende Abfall wird. Dazu beginne ich mit einer Geschichte über Brokkoli, und diese Geschichte beginnt wiederum in einem Supermarkt. Dabei ist mein Ansatz ein anderer als z. B. der von Fischer und Benson. Diese verfolgen in ihrer ausgezeichneten Studie von 2006 die Reise des Brokkolis vom Supermarkt aus zurück bis zu den Maya-Bauern im Hochland Guatemalas. Das Ergebnis ist eine wertvolle Analyse der Globalisierung und der damit zusammenhängenden politischen und wirtschaftlichen Machtverhältnisse. Meine Reise aber führt mich in die andere Richtung: Ich folge dem Brokkoli vom Supermarkt aus in den Haushalt des Endverbrauchers – und schlussendlich in den dortigen Abfalleimer.

Brokkoli

Und so beginnt diese Geschichte in einem Supermarkt. Und mit Sadie, die mir dankenswerterweise gestattet hat, sie beim Einkaufen zu begleiten. Sadie ist Anfang 40, verheiratet, und sie hat zwei kleine Kinder. Sie und ihr Mann sind beide berufstätig und teilen sich die Arbeit in der Küche; die Einkäufe

erledigt allerdings in der Regel Sadie. Wir betreten die Obst-
und Gemüseabteilung des Supermarkts. Sie nimmt einen
Brokkoli in die Hand und erzählt mir frank und frei, dass dieser Brokkoli möglicherweise im Müll landen wird, denn sie
essen selten all das auf, was sie einkaufen. Dann legt sie den
Brokkoli in ihren Einkaufswagen. Ich finde es erstaunlich,
dass sie sich jetzt schon Gedanken darüber macht, dass sie dieses Lebensmittel (oder überhaupt irgendwelche Lebensmittel)
später wegwerfen wird und es dennoch kauft. Ich weise sie auf
diesen Widerspruch hin, und das führt zu einer Diskussion
darüber, wie wichtig es ist, Brokkoli zu kaufen, da dieser doch
überaus gesund sei und „etwas ist, das man essen *soll*". Sadie
nimmt den Brokkoli noch einmal in die Hand und sagt,
schon wenn man ihn sich bloß ansehe, dann sei doch klar,
dass er frisch, gesund und einfach gut für einen sei. Wie sich
herausstellt, geht es ihr nicht nur um ihre eigene Gesundheit,
sondern auch um die ihres Mannes und ihrer Kinder. Sie legt
den Brokkoli zurück in den Wagen, und weiter geht es mit
unserem Einkauf.

Drei Tage später. Ich befinde mich in Sadies Küche. Sie hat
mich eingeladen, sie zu begleiten und zuzusehen, wie sie das
Abendessen für ihre Familie vorbereitet. Sie dünstet etwa die
Hälfte der Brokkoliröschen zusammen mit ein paar Karotten
und Blumenkohl, dazu gibt es Frühkartoffeln und überbacke-
nen Lachs mit Zitronensaft, Petersilie und einem Hauch
Knoblauch. Es duftet ganz wunderbar. Der Rest der Brokkoliröschen wird – genau wie etwa die gleiche Menge an Blumenkohl und der Rest der Karotten – in Plastikfolie verpackt und
wandert zurück in den Kühlschrank. Eine Bemerkung am
Rande: Sadie nimmt den Stiel des Brokkolis, obwohl er essbar
ist, nicht als *Nahrung* wahr. Hier ist also kein Verständnis
dafür vorhanden, dass sie ein Lebensmittel wegwirft. Damit
geht es ihr übrigens wie den meisten Menschen.

Eine Woche darauf befinde ich mich wieder in Sadies Küche. Wir kommen direkt vom Supermarkt, und sie verstaut die gerade gekauften Lebensmittel. Dazu muss sie ein wenig Platz im Kühlschrank schaffen. Sie räumt einiges um, aber ein paar Dinge werden auch weggeworfen. Den von letzter Woche übriggebliebenen Brokkoli hat inzwischen niemand gegessen. Er sieht jetzt nicht mehr ganz so frisch, verlockend und gesund aus wie im Supermarkt, sondern eher etwas schlaff und weich, und er scheint sich auch ein wenig verfärbt zu haben. Das Resultat: Er fällt dem Aussortieren zum Opfer und landet im Abfalleimer, was, wie wir noch sehen werden, höchstwahrscheinlich bedeutet, dass er auf der Müllkippe endet.

So wird aus etwas, das noch vor Kurzem als Lebensmittel galt, Abfall, und zwar effektiv zu dem Zeitpunkt, als ein neues, frischeres Pendant gekauft wurde. Sie denken nun vielleicht: „Warum hat sie denn dann überhaupt einen neuen Brokkoli gekauft?" Wie wir noch sehen werden, gibt es diverse Gründe dafür. Vor allem aber ist die Versorgung der Familie[1] für Sadie dermaßen zur Routine geworden – und mit einer ganzen Reihe anderer Zwänge verflochten –, dass bewusste und „rationale" Überlegungen für sie dabei nur noch selten eine Rolle spielen. Im Moment wollen wir uns aber darauf konzentrieren, dass es hier ganz eindeutig um einen Prozess des physischen Verfalls geht; mit der sozialen Komponente[2] werden wir uns später beschäftigen.

Wir sollten an dieser Stelle festhalten, dass alle Lebensmittel ein „physisches Leben" haben, das sich nach und nach auflöst und – um zum Thema dieses Buches zurückzukommen – mit dem „Tod" endet. Aller Wahrscheinlichkeit nach war bereits zu dem Zeitpunkt, als der Brokkoli in Folie eingewickelt wurde und zurück in den Kühlschrank wanderte, klar, dass niemand ihn mehr essen würde, auch wenn sein Schicksal offiziell erst später besiegelt wurde. Doch dadurch, dass er noch eine Weile aufbewahrt wurde, konnten Prozesse physischen Verfalls eintreten, die den alten Brokkoli schließlich so aussehen ließen, als sei er für den Verzehr ungeeignet – oder zumindest weniger geeignet als ein neuer und frischer. Und dies wiederum hilft, ihn in die Kategorie *Abfall* einzuordnen und den Akt des Fortwerfens zu legitimieren. In Wahrheit war der Brokkoli eigentlich noch gar nicht an dem Punkt angelangt, an dem man ihn nicht mehr hätte essen können. Es hätte allerdings die Zukunft des „guten" Brokkolis gefährdet, ihn zu retten.

Natürlich *hätte* jemand diesen Rest essen können zwischen dem Zeitpunkt, an dem der Rest vom Brokkoli im Kühlschrank platziert wurde, und dem Zeitpunkt, an dem er im Abfalleimer landete. Dafür, dass dies keiner getan hat, gibt es mehrere gute und nachvollziehbare Gründe. Zum Beispiel essen Sadies Kinder Brokkoli ausschließlich in Kombination mit überbackenem Lachs, und den will sie nicht öfter als einmal pro Woche zubereiten, damit es für die Kinder nicht langweilig wird und sie sich am Ende generell weigern, Brokkoli zu essen. Hinzu kommt, dass Sadie Brokkoli gerne in einer kleineren Menge kaufen würde, doch das geht nicht, denn der Supermarkt verkauft nur ganze Köpfe Brokkoli. Man könnte natürlich einwenden, dass sie dann vielleicht nicht Brokkoli *und* Karotten *und* Blumenkohl hätte kaufen sollen, sondern nur eines der Gemüse, damit sie später weniger hätte wegwerfen müssen. Oder dass es dann doch sinnvoller wäre, Tiefkühlgemüse zu kaufen, da es nicht so schnell verdirbt. Das ist sicherlich alles richtig. Aber die Konvention diktiert, dass Sadie „richtig" isst und kocht, und darunter versteht man nun einmal meistens, dass man verschiedene und vor allem frische Zutaten verwendet. Ich lege das alles deshalb so ausführlich dar, weil ich die Prozesse herausarbeiten möchte, durch die Lebensmittel zu Abfall werden. Man kann dies nicht einfach auf die Tatsache zurückführen, dass die Menschen unverantwortliche Entscheidungen treffen, weil sie sich keine Gedanken über die Folgen ihres Tuns machen. Tatsächlich möchte ich behaupten (und im Folgenden auch belegen), dass sich die Gründe dafür, dass Lebensmittel weggeworfen werden, selten auf die einzelnen Haushalte reduzieren lassen – geschweige denn auf einzelne Personen.

Litschi oder Mango?

Als Nächstes soll es um einen Tetrapak mit Litschi-Nektar gehen, und auch diese Geschichte beginnt im Supermarkt. Dieses Mal jedoch verfolge ich die Reise des Saftkartons in meine eigene Küche – und dort am Ende in den Ausguss. Ich muss gestehen, dass ich ein paar Vorbehalte hatte, hier im Prolog aus meinem eigenen Alltag zu berichten, wenn ich den wertvollen Platz stattdessen dafür nutzen könnte, ein weiteres Beispiel aus meiner Feldforschung zu bringen. Sicherlich ist es im Prinzip immer besser, empirisches Material vorzustellen, als sich auf eine Nabelschau zu verlegen. Aber als Sozialwissenschaftler muss man hin und wieder der Tendenz entgegenwirken, sich selbst als jemanden zu betrachten, auf den die Phänomene, die er beschreibt, gar nicht zutreffen. Das gilt auch und gerade für Ethnologen und hier vor allem für diejenigen, die über ihre eigene Heimat (oder sogar ihren eigenen Haushalt) forschen, und zwar auch und gerade dann, wenn es um ein so moralisch aufgeladenes Thema wie die Verschwendung von Lebensmitteln geht. Wenn ich also aus meinem eigenen Leben erzähle, dann deshalb, weil mir bewusst ist, dass ich selbst nicht gefeit bin gegen die Prozesse und Praktiken, um die es auf den folgenden Seiten geht.

Ich habe den erwähnten Tetrapak mit Saft nicht aus ähnlich ehrenwerten Gründen gekauft wie Sadie ihren Brokkoli, weil mir also meine Gesundheit am Herzen liegt oder die meiner

Familie. Ich habe ihn aus Versehen gekauft. Eigentlich wollte ich nämlich den Mango-Nektar kaufen, den ich ein paar Wochen zuvor beim Mittagessen in einem indischen Imbiss getrunken hatte. Doch so viel Zeit ich im Rahmen meiner Feldforschung auch in Supermärkten verbringe: Wenn ich für mich selbst einkaufe, will ich den Laden so schnell wie nur irgend möglich wieder verlassen. Diesmal griff ich also in meiner Hetze nach einem Litschi- statt einem Mango-Nektar. Dass ich den falschen Saft gekauft hatte, merkte ich eigentlich erst ein paar Tage später, und leider schmeckte mir der Litschi-Saft überhaupt nicht. Ich versuchte ihn an Freunde und Kollegen weiterzuverschenken. Doch wie wir später noch sehen werden, ist es in unserem Kulturkreis ziemlich schwierig, Essen und Trinken zu verschenken oder weiterzugeben. Also stellte ich den Saftkarton in den Kühlschrank, nach dem Motto „Aus den Augen, aus dem Sinn". In dem Moment, da ich das tat, sagte ich mir noch, ich könnte ja vielleicht eine Bowle damit machen, wenn es draußen etwas wärmer würde, aber daraus wurde nichts. So ganz vergessen konnte ich den Litschi-Nektar aber auch nicht, und es machte mir immer mehr zu schaffen, dass er da war, ich aber nichts damit anstellen konnte. Und als schließlich der Zeitpunkt gekommen war, wo ich wieder einmal im Kühlschrank und Gefrierschrank „aufräumte", schüttete ich ihn in den Ausguss (er war weder sauer geworden noch verschimmelt) und beruhigte mein Gewissen mit der Feststellung, dass ich zumindest die Verpackung, den Tetrapak, umweltfreundlich entsorgen würde.

Sie sehen: Auch ich werfe Lebensmittel fort, und wie die meisten Menschen habe ich dabei durchaus auch Gewissensbisse. Ich erzähle Ihnen das alles, weil ich im Voraus klären möchte, dass es mir hier und in den folgenden Kapiteln nicht darum geht, irgendwen an den Pranger zu stellen. Stattdessen soll dieses Buch der aktuellen Tendenz entgegenwirken, die

Dinge schwarz zu malen bzw. die Moralkeule zu schwingen. Allzu oft wird momentan auf die wachsenden Müllberge hingewiesen, um von dort aus Rückschlüsse darauf zu ziehen, was in den einzelnen Haushalten vor sich geht und warum die Menschen so verschwenderisch mit ihrem Essen umgehen. Ich bestreite überhaupt nicht, dass die schiere Menge der heutzutage weggeworfenen Lebensmittel auf mehreren Ebenen äußerst problematisch ist. Schließlich war es ja nicht nur intellektuelle Neugier, die mich dazu veranlasst hat, auf diesem Gebiet zu forschen. Doch es liegt mir fern, Erklärungen (oder sogar bloße Annahmen) zu akzeptieren, die die ganze Problematik auf das individuelle Konsumverhalten und/oder die Dekadenz von Leuten reduzieren wollen, denen es egal ist, woher ihre Nahrung kommt, was sie wert ist und wie man korrekt mit ihr umgeht. Stattdessen werde ich aufzeigen, dass der Übergang von *Nahrung* zu *Abfall* eine mehr oder weniger banale Folge der Art und Weise ist, wie wir heute unseren Alltag und unser häusliches Leben verbringen. Auch spielen verschiedene Faktoren, die bestimmen, wie wir unsere Nahrungsaufnahme organisieren, eine Rolle.

Aber bis ich dahin gelange und die beiden Geschichten, die ich gerade erzählt habe, wissenschaftlich unterfüttern kann, ist noch einiges zu tun. Also blättern Sie bitte um, und lesen Sie weiter.

1
Jetzt geht's um Abfall

Nachdem ich mit ein paar Geschichten aus dem Alltag begonnen habe, gehe ich in diesem Kapitel noch einmal einen Schritt zurück, um das Ausmaß der aktuellen wissenschaftlichen Debatte und der jüngsten politischen Bedenken zu thematisieren, die einen dazu bringen, überhaupt ein Buch über die Verschwendung von Lebensmitteln zu schreiben (beziehungsweise zu lesen). Ich beginne mit den neuesten Trends in den Sozialwissenschaften und in der Kulturtheorie, wo man bereits damit begann, sich intellektuell für das Thema „Abfall" zu interessieren, bevor man dabei die Aufmerksamkeit auf den Umgang mit Lebensmitteln richtete. Entsprechend möchte ich mich hier – auch und gerade in meiner Funktion als Sozialwissenschaftler – mit der Verschwendung bzw. Entsorgung von Lebensmitteln beschäftigen. Das kann einerseits als Beitrag zur wissenschaftlichen Forschung über Abfall verstanden werden, andererseits aber gewinnt das Thema in Bereichen wie staatlicher Regulierung, Kulturpolitik und Umweltschutz immer mehr an Bedeutung. Jetzt, wo das geklärt ist, möchte ich noch kurz skizzieren, wie dieses Buch aufgebaut ist und für welchen Ansatz ich mich entschieden habe, um das Phänomen, wie sich Lebensmittel in Abfall verwandeln, genauer unter die Lupe nehmen zu können.

... und wer kümmert sich um den Abfall?

Auf den ersten Blick mag der Gedanke, Abfall sei in irgendeiner Weise von Bedeutung, vielleicht ein wenig seltsam erscheinen;

und noch eigentümlicher wirkt die Behauptung, im Abfall stecke eine intellektuelle oder analytische Herausforderung. Traditionell nähert man sich dem Abfall auf eine ganz spezielle Art und Weise, die zu einer akademischen Arbeitsteilung führte, welche den Abfall wiederum lange Zeit dem Zugriff der Sozialwissenschaften entzog.

Um dies nachzuvollziehen, müssen wir zunächst einmal zusammenfassen, was man üblicherweise über Abfall zu wissen glaubt:

(1) dass es sich um eine fest umrissene und deutlich abgrenzbare Kategorie handelt – dass bestimmte Dinge also per se oder in einem bestimmten Zustand Abfall sind,

(2) dass das, was man als Abfall einstuft, entweder wertlos oder schädlich ist und daher von der Gesellschaft, die es produziert hat, abgesondert werden muss,

(3) dass diese Absonderung die Aufgabe der Entsorgungswirtschaft ist, was wiederum die Annahme beinhaltet, dass das, was wir als Abfall kategorisieren, entsorgt werden muss[3],

(4) dass der Abfall das ist, was „hinten herauskommt", also etwas ist, das am Ende übrig bleibt, das redundante und finale Nebenprodukt kultureller und wirtschaftlicher Organisation.

Doch all das sind Fehleinschätzungen, und in ihrer Summe haben sie dazu geführt, dass Abfall als etwas gilt, das aus dem Rahmen der Prozesse, mit denen sich die Sozialwissenschaft beschäftigen sollte, herausfällt. Man forsche also munter drauf los, wenn es um die Produktion, den Vertrieb, den Kauf und die Nutzung von Dingen ging; der Abfall blieb dabei stets zweitrangig. Man verstand ihn als etwas, das sich erst an die „wichtigen" Aktivitäten anschloss und das nur für wenige, ganz bestimmte Zweige der Sozialwissenschaften wie die Umweltpolitik von Interesse war. Immerhin hat dies zu ein paar hochinteressanten Untersuchungen rund um die Themen Governance, Abfallpolitik und Abfallwirtschaft geführt[4]. Doch tangieren diese Spezialthemen den Mainstream der Sozialwissenschaften nach wie vor kaum.

Natürlich kann man unter *Abfall* ganz unterschiedliche Dinge verstehen. Gay Hawkins schreibt, wenn man Abfall „in normativem Sinne verwendet, als Kategorie des persönlichen Urteils, gelangt man schnell zu vielen verschiedenen Bedeutungen".[5] Allerdings haben diese verschiedenen Perspektiven nicht notwendigerweise zu einer ernsthaften oder nachhaltigen Beschäftigung mit dem Phänomen Abfall geführt, und auch ihre Relevanz für eine breiter angelegte sozialwissenschaftliche Untersuchung fällt nicht sofort ins Auge. Zunächst einmal sind da die Ansätze, die Abfall als gefährlichen oder verunreinigenden Faktor konzeptualisieren: Diese haben wiederum zu Untersuchungen über Risiken und die Wahrnehmung von Risiken geführt sowie zu ein paar Arbeiten, die eher in die soziologische Richtung gehen und die die These von Beck[6] zur Risikogesellschaft auf die Analyse von Abfall ausgeweitet haben.[7] Arbeiten in der Tradition der sogenannten *environmental justice* haben aufgezeigt, wie soziale und räumliche Ungleichheiten – in der Regel hinsichtlich Ethnie und Gesellschaftsschicht – durch die Exposition oder die Nähe zu Abfall gekennzeichnet sind und dadurch gespiegelt werden.[8] Etwas allgemeiner ausgedrückt: Verschiedene sozialwissenschaftliche Darstellungen[9] haben gezeigt, wie (zivilisierende) Prozesse der sozialen Organisation und Modernisierung auf Bemühungen aufbauen, Abfälle von der Gesellschaft, die sie erzeugt hat, möglichst weit zu entfernen bzw. vor ihr zu verstecken. Das sind alles interessante Punkte, aber sie führen uns hier leider nicht weiter, da sie den Abfall jenseits der Grenzen des Sozialen betrachten und als etwas Negatives positionieren – nämlich als ein Problem, mit dem sich gefälligst die Abfallwirtschaft zu beschäftigen hat.

21

Es gibt aber auch eine andere Tendenz: Hier werden Abfall und Verschwendung als Metaphern eingesetzt für den unproduktiven Aufwand von Zeit und Geld[10], für die angeblichen Auswüchse des globalen Konsumkapitalismus[11] oder für die Umweltzerstörung.[12] In diesem Zusammenhang könnte man sogar behaupten, dass sich die Sozialwissenschaften eigentlich seit Langem mit wenig anderem beschäftigen als mit Abfall und Verschwendung. Wie Munro schreibt:

> Hier kann man nicht nur Klassiker der Soziologie wie *Street Corner Society* (Whyte 1943) und *The Police on Skid Row* (Bittner 1967) anführen […]. Es geht auch darum, wie moderne Konzepte wie die Humanmedizin Vorstellungen beinhalten, anhand derer chronisch Kranke als „Wracks" (Becker 1993), Obdachlose als „üblicher Müll" (Jeffery 1979) und gebrechliche Menschen als „Bettenbeleger" (Latimer 2000) definiert und aussortiert werden. So tut es auch Bauman (2004), der von „verschwendeten Leben" spricht und – recht vorausschauend – darauf hinweist, dass in Zukunft die „Ausgestoßenen" der Globalisierung in der Gesellschaft keinen Platz mehr haben werden.[13]

Dies soll nur ein paar der vielen Möglichkeiten illustrieren, wie Abfall innerhalb des Mainstreams der sozialwissenschaftlichen Forschung von ganz offensichtlicher Relevanz sein kann, auch wenn der Abfall an sich nicht im Mittelpunkt solcher Analysen steht[14] und diese sich auch nicht mit der materiellen Realität von Abfällen befassen. Stattdessen ist der Abfall dort eine Allegorie, die auf die Gesellschaften und die Systeme, die ihn produzieren und ihn aussondern wollen, zurückverweist und uns zugleich einiges über sie verrät.

In diesem Buch möchte ich keine solchen Wertungen anstellen. Stattdessen will ich darauf hinweisen, dass es bei Lebensmitteln keine festgelegte Definition von Abfall und Verschwendung gibt und dass es sich dabei auch *nicht* um eine eindeutig negative Erscheinung handelt. Allerdings möchte ich auch die „konkrete und in sozialer Hinsicht folgerichtige Materialität"[15] des Phänomens *Nahrung als Abfall* würdigen, und dazu muss ich mich mit den kulturellen, wirtschaftlichen, technologischen, politischen und sozialen Beziehungen beschäftigen, in die dieses Phänomen eingebettet ist – und mit den verschiedenen Möglichkeiten, es zu kategorisieren, zu verorten, darzustellen und generell damit umzugehen.

In meinem Konzept ist das Wegwerfen von Lebensmitteln nicht etwa der Endpunkt linearer Produktions-, Konsum- und Entsorgungsprozesse. Vielmehr tritt Abfall an mehreren Stellen innerhalb der Nahrungskette auf, und das hat konkrete Folgen für die wirtschaftliche und kulturelle Organisation von Nahrungssystemen. Im Zusammenhang damit vertrete ich die Meinung, dass das Wegwerfen bzw. die Verschwendung von Lebensmitteln die generative und konstitutive Basis (und nicht nur das bloße „Hinterher") dieser Praktiken darstellt, welche die Organisation unseres täglichen Lebens ausmachen. Für diesen Standpunkt lasse ich mich von den jüngsten Entwicklungen inspirieren, die den Abfall in den Mittelpunkt sozialwissenschaftlicher Analysen stellen, um seine dynamische und stetig wechselnde Rolle innerhalb des Prozesses der sozialen Organisation zu erforschen – ohne indes seine konkrete Stofflichkeit zu verleugnen. Dabei denke ich insbesondere an die Arbeiten von Zsuzsa Gille, Nicky Gregson, Gay Hawkins und Martin O'Brien. Doch bevor ich mich damit eingehender beschäftige, möchte ich dem interessierten Leser ein paar grundsätzliche Überlegungen zu den Vorläufern dieser Ideen vorstellen.[16]

Zunächst einmal gibt es ein paar Forscherinnen und Forscher, die sich schon früher systematisch mit Reststoffen beschäftigt haben und damit, welche Rolle diese in den Prozessen sozialer Organisation und sozialen Wandels spielen. Hier wäre beispielsweise Mary Douglas zu nennen, deren zuerst 1966 veröffentlichtes Buch *Reinheit und Gefährdung* die Aufmerksamkeit auf die kulturelle Kategorisierung von Verunreinigung gelenkt hat und darauf, welche analytische Bedeutung es hat, die Klassifikationen zu untersuchen, anhand derer sogenannte „deplatzierte Materie" produziert und aussortiert wird. 1979 erschien Michael Thompsons einflussreiches Werk *Müll-Theorie*[17], in dem der Autor darauf hinweist, dass der Prozess, mit dem Abfall als solcher kategorisiert wird, Teil eines viel größeren Kategorisierungs- und Bewertungssystems ist. Für Thompson ist Abfall weniger etwas Überflüssiges und Wertloses als vielmehr ein „flexibler Bereich" zwischen sinkendem und steigendem (oder zumindest stabilem) Wert. Im Wesentlichen vertritt er die Meinung, dass der Abfall Bewegungen zwischen sinkendem und steigendem/stabilem Wert erleichtern kann. Daher misst er dem Abfall eine zentrale Bedeutung bei, wenn es darum geht zu verstehen, wie Werte sozial kontrolliert werden. Die entscheidende Formulierung fand jedoch erst John Scanlan in seinem Band *On Garbage*, in dem er die Verbindungen zwischen „den unterschiedlichen Phänomenen des Versteckten, Vergessenen, Weggeworfenen und Übriggebliebenen" untersucht, „die uns im Leben ständig begleiten"[18]. Dabei zeigt er auf äußerst eloquente Weise, dass der metaphorische Müll – die separierten Reste, die das Wertvolle vom Wertlosen scheiden – nicht nur allgegenwärtig, sondern für unsere (westliche) Auffassung von der Welt von geradezu zentraler Bedeutung ist. Scanlans Buch erkennt die konstitutive Rolle der „Müll-Kategorien" an und stellt sie in den Mittelpunkt sozialwissenschaftlicher Betätigung. Außerdem ist *Abfall* dort als Kategorie genauso dehnbar wie die Komplexität der Bedeutungen, die diesem Begriff zugeschrieben werden. Aber auch diese Ansätze erkennen nicht genug die konkrete und konsequente Stofflichkeit des Abfalls an.

Andere Analysen stellen den Abfall in seiner brutalen physischen Präsenz in den Mittelpunkt, um breiter angelegte Theorien über kulturelle und wirtschaftliche Prozesse aufzustellen. Susan Strasser zum Beispiel bedient sich in ihrem Buch *Waste Not Want Not* der im Wandel begriffenen Vorstellungen von Müll, um eine Sozialgeschichte von Produktion, Konsum und Verbrauch zu schreiben.

William Rathje, der später mit Cullen Murphy zusammenarbeitete, gewann Anfang der 1970er Jahre erste Erkenntnisse in einem Feld, das er selbst als „Müllologie" (*„garbology"*) bezeichnete: Er untersuchte Müll mit den Methoden der Archäologie und kam zum Schluss, dass eine solche Analyse wichtige Erkenntnisse über die Kultur zeitigt, die ihn weggeworfen hat. Im Mittelpunkt seiner Bemühungen stand der Gedanke, dass man Abfälle nicht „auf einem abstrakten Level" untersuchen kann, sondern der Müllologe in direkten physischen Kontakt mit „hunderten Tonnen" Abfallmaterial kommen muss[19]. Seither haben zahlreiche archäologische und anthropologische Arbeiten darauf hingewiesen, wie wichtig es ist, sich mit ausgesonderten und weggeworfenen Dingen zu befassen. Gavin Lucas plädierte schon früh dafür, dass man bei der Erforschung materieller Kulturen deren Abfall nicht vergessen solle, und merkte an, dass die Verfügbarkeit und die Beseitigung von Dingen ein nützlicher Ausgangspunkt sei, um sich einer Volkswirtschaft zu nähern. Laurence Douny konzentriert sich bei ihrer Studie über die Dogon, eine Volksgruppe im westafrikanischen Mali, auf die Tatsache, dass im Haushalt anfallender Müll, den die westliche Welt als „wertlos" oder „unrein" einstufen würde (Exkremente von Haustieren, körpereigener Schmutz, Kehricht, nicht abgespülte Kochutensilien), bei dieser Volksgruppe durchaus positive Konnotationen hat. Ferner weist sie darauf hin, dass die westlichen Vorstellungen von Abfall – als etwas, das nutzlos und überflüssig ist – bei den Dogon eher auf „Elemente [zutrifft], die sich außerhalb des häuslichen Lebens befinden"[20]. Douny beschäftigt sich direkt mit der Stofflichkeit von Abfällen, räumt aber zugleich ein, dass es sich dabei um keine feststehende Kategorie handelt. Darüber hinaus zeigt sie in Anlehnung an Mary Douglas, wie Abfall ansonsten immaterielle Prozesse kultureller Kategorisierung materialisiert. Was bei ihr jedoch meiner Meinung nach noch fehlt, ist die Erkenntnis, dass er schlicht zeigt, was wir für Menschen sind; an unserem Abfall und Müll kann man ablesen, wie wir leben – und wie wir uns in dieser Welt benehmen.

Kehren wir nun zu den neuen Strömungen in der Abfallforschung zurück. Es scheint, als liefen hier einige der genannten Denkmuster und Konzepte zusammen. Zunächst einmal sei Gay Hawkins genannt, die in ihrem Buch *The Ethics of Waste: How We Relate to Rubbish* einige weithin vorherrschende Annahmen bezüglich unserer Beziehung zum Abfall infrage stellt, die bis dato vom Umweltdiskurs beherrscht wurden und von einer Rhetorik, die einen Hang zur Panikmache erkennen lässt. Sie stellt dar, wie „Entzauberungs-Geschichten" und Erzählungen von einem „verlorenen Paradies" dazu geführt haben, den Abfall als Sinnbild für die Entfremdung des Menschen von der Natur und seine konsequente Missachtung der Umwelt zu stilisieren. Das habe, so Hawkins, zu einer Politik geführt, die auf der Forderung aufbaut, dass sich der Mensch zum Wohle der Natur bitteschön zu ändern habe. Ihr Ansatz ist ein anderer: Sie rückt den Abfall in den Vordergrund und beschäftigt sich mit seiner empirischen – und materiellen – Realität. Erst so kann sie danach fragen, wie der Abfall die Prozesse und Gewohnheiten beeinflusst, die bestimmen, wie wir Dinge konsumieren, wertschätzen, klassifizieren und generell mit ihnen umgehen. Beispielsweise zeigt sie auf, dass unsere Reaktionen auf menschliche Exkremente konstitutiv sind für die Beziehung zwischen dem öffentlichen und dem privaten Raum und bestimmte Routinen der Selbstpflege und Verkörperlichung überhaupt erst entstehen lassen.

Martin O'Brien weist in *A Crisis of Waste* darauf hin, dass Abfälle deshalb im soziologischen Gedankengut ausgeblendet werden, weil wir sie in unseren populären und politischen Vorstellungswelten ebenfalls ausblenden. Er hält dagegen und will dem Abfall den ihm gebührenden Platz in der Wissenschaft einräumen. Dazu entwickelt er eine „Müll-Vorstellungswelt", die die generative Rolle von Abfällen innerhalb des gesellschaftlichen Lebens ernst nimmt. Die westlichen Gesellschaften von heute sollten endlich lernen, sich als „Abfall-Gesellschaften" zu verstehen – und zwar nicht in dem Sinne einer Wegwerf-Kultur, sondern insofern, als Abfall für die Prozesse sozialer Organisation von zentraler Bedeutung ist (was er auch schon immer war). O'Brien schlägt vor, dass sich die Soziologie auf die Praktiken, Institutionen, Innovationen und Beziehungen konzentriert, die entstanden sind, um Abfälle und deren Umwandlung in Werte zu regulieren.

In *From the Cult of Waste to the Trash Heap of History* stellt die Soziologin Zsuzsa Gille klar, dass Abfall weder eine feste Kategorie ist noch einfach nur das Ergebnis einer Politik, die bestimmte Dinge als Abfall definiert. Vielmehr entwickelt sie das Konzept der „Abfallregimes", mit dem sie die Organe und Konventionen beschreibt, die bestimmen, welche Abfälle als wertvoll gelten und wie ihre Produktion und Verteilung abgewickelt, dargestellt und politisiert werden. Sie zeigt auf, wie diese Maßnahmen über Raum und Zeit variieren, und hebt so den immer gleichbleibenden und relationalen Charakter von Abfall hervor. Zugleich nimmt sie die stoffliche Realität dieser Materialien ernst. Entscheidend ist bei Gille, dass sie nicht nur anerkennt, dass unterschiedliche Systeme Abfall unterschiedlich definieren; sie hebt zudem hervor, dass diese Definitionen für die betreffenden Systeme von geradezu konstitutiver Bedeutung sind.

Schließlich gibt es noch ein paar Arbeiten, die vordergründig aus der Forschung zur materiellen Kultur stammen und die zu

27

ähnlichen oder zumindest artverwandten Einsichten führen. Hier ist einmal Nicky Gregson zu nennen, die (in einer ganzen Reihe von Projekten und mit diversen anderen Forschern zusammen) anhand verschiedener Maßstäbe den Bezug der Menschen zum Abfall untersucht hat und dabei diverse theoretische und inhaltliche Bedenken berücksichtigt. Ihr Buch über die Second-Hand-Kultur[21] führte sie dazu, sich damit zu beschäftigen, wie und warum bestimmte Dinge wiederverwendet werden. Entsprechend zeigen ihre ethnographischen Arbeiten über die Entsorgung alltäglicher Konsumprodukte[22] den generativen Beitrag des Prozesses der Beseitigung für das Menschsein, die Selbsterneuerung und die unterschiedlichen Beziehungen zwischen Menschen und Dingen[23]. Dies wiederum führte Nicky Gregson zu einer Studie, die über den Tellerrand des individuellen Haushalts hinausblickte und bei der sie zur Erkenntnis gelangte, dass Abfälle mehr sind als bloß das letzte Glied in der Kette eines Produktions- und Konsumprozesses. Darin untersucht sie den globalen Materialfluss, der entsteht, wenn Dinge verfallen oder absichtlich demontiert werden, und hebt hervor, welche unterschiedlichen wirtschaftlichen Effekte durch diese Prozesse entstehen und erhalten werden[24].

Es ist äußerst aufschlussreich, wenn auch ein wenig kurios, dass dem Bereich Lebensmittel bei diesen aktuellen Bemühungen in Sachen Abfallforschung relativ wenig Aufmerksamkeit geschenkt wird. Bis vor Kurzem hat sich die Sozialwissenschaft im Grunde kaum explizit mit dem Wegwerfen und der Verschwendung von Lebensmitteln beschäftigt. Hin und wieder wurde dieses Thema in größer angelegten soziologischen und anthropologischen Analysen gestreift[25], es gab theoretische Betrachtungen darüber, wie die Verfügbarkeit von Entsorgungswegen bestimmen, was wir essen[26], und in jüngerer Zeit wurden Arbeiten veröffentlicht[27], die Analysen der materiellen Kultur und des Konsums auf die Lebensmittelverschwendung ausweiten[28].

Im Jahr 2013 erschien mit *Waste Matters: New Perspectives on Food and Society*[29] ein Herausgeberband, der die jüngsten Entwicklungen in der Abfallforschung ganz bewusst auf eine Analyse der Lebensmittelverschwendung auszuweiten versucht. Im Endeffekt führte dieser Band die Ansätze einer Untersuchung von Catherine Alexander und ihren Kollegen[30] weiter, und er enthielt Beiträge, die die Lebensmittelverschwendung zu anderen Themenbereichen in Bezug setzten wie der politischen Ökonomie[31], der Kultur, Ideologie und Politik von Ernährung und Konsum[32] und posthumanistischen Perspektiven[33]. Dabei wurde deutlich, wie wichtig es für die Analyse von Abfall und Verschwendung ist, ein besseres Verständnis von Lebensmitteln[34] und ganz allgemein von gesellschaftlichen Theorien[35] zu entwickeln.

Doch auch trotz dieser Veröffentlichung ist und bleibt das Wegwerfen von Lebensmitteln ein Thema, das viel zu wenig untersucht wird. Tiefgründige und vor allem empirisch fundierte Darstellungen sind nach wie vor Mangelware. Der vorliegende Band soll daher eine möglichst systematische und konzentrierte Analyse darstellen, die Bezug nimmt auf die Fragen, wie und warum im Haushalt Lebensmittel weggeworfen werden. Doch bevor ich mehr darüber erzähle, möchte ich noch ein paar nicht-wissenschaftliche Überlegungen anführen, die rund um die Ursachen und Folgen des Wegwerfens und der Verschwendung von Lebensmitteln aufgetaucht sind.

Die Nahrung, die wir wegwerfen

Dass es, wie oben erwähnt, kaum eine nennenswerte Auseinandersetzung mit dem Phänomen der Lebensmittelverschwendung in der Sozialwissenschaft gibt, ist umso überraschender, wenn man bedenkt, wie oft das Thema in öffentlichen Debatten auftaucht, bei denen es um die Themen Nahrung, Kultur und Umwelt geht. Dieses Buch möchte mit sozialwissenschaftlichen Mitteln die Prozesse analysieren, die dafür sorgen, dass wir so viele Lebensmittel wegwerfen, und zwar auf eine möglichst objektive, aber dennoch einfühlsame Art und Weise. Es ist keine Kampfschrift, und es soll auch nicht dazu dienen, zu enthüllen, *wie viel* Abfall wir produzieren[36]. Natürlich soll das nicht heißen, dass ich die Probleme herunterspielen möchte, die die Verschwendung von Lebensmitteln in sozialer und ethischer Hinsicht darstellt. Dieser Punkt führt uns aber weg von der Wissenschaft und mitten hinein in die Politik.

In einem kürzlich veröffentlichten Bericht schätzt die Ernährungs- und Landwirtschaftsorganisation der Vereinten Nationen[37], dass weltweit jedes Jahr ein Drittel aller zum Verzehr bestimmten Lebensmittel weggeworfen wird oder auf andere Weise verloren geht – insgesamt 1,3 Milliarden Tonnen. Diese Verluste und Abfälle beziehen sich auf die gesamte Nahrungskette: von der landwirtschaftlichen Produktion über Verarbeitung, Vertrieb und Einzelhandel bis hin zum Endverbrauch. Erst kürzlich veröffentlichte die britische Institution of Mechanical Engineers einen Bericht mit dem Titel *Global Food: Waste Not, Want Not*[38]. Darin heißt es, dass schätzungsweise 50 Prozent aller produzierten Lebensmittel nie in den Magen eines Menschen gelangen. Zahlen wie diese sind zweifellos erschreckend, doch gerade an dieser Stelle sollten wir innehalten und uns überlegen, *warum* uns diese Tatsache so sehr beunruhigt.

Zunächst einmal gibt es rund 870 Millionen unterernährte Menschen auf der Welt[39], und dass gleichzeitig eine so immense Menge an Nahrung verschwendet wird, ist zweifellos pervers. Natürlich können wir mit den verschwendeten Lebensmitteln nicht einfach die Hungernden ernähren. Doch wie Tristram Stuart schreibt, sind die Verbindungen zwischen Nahrungsüberfluss, Lebensmittelverschwendung und Unterernährung trotz allem durchaus „real"[40]. Betrachten wir das Ganze ein wenig eingehender. Es ist nicht weniger pervers, dass wir momentan endliche Ressourcen (Boden, Wasser, Energie) verwenden, um Lebensmittel zu produzieren, die niemand isst. Es wäre gerechter und effizienter, diese Ressourcen zur Produktion von Lebensmitteln zu nutzen, mit denen man die Ärmsten der Armen vor dem Hungertod bewahrt. Diese Erkenntnis führt uns zur allgemeinen Frage der Ernährungssicherheit, denn es gibt ganz reale Forderungen danach, die globale Lebensmittelproduktion weiter auszubauen, um den Bedürfnissen einer wachsenden – und immer wohlhabenderen – Weltbevölkerung gerecht zu werden. Die Produktion ausreichender und nahrhafter Lebensmittel stellt eine echte Herausforderung dar, und es ist eine vollkommen logische Schlussfolgerung[41], dass die Reduzierung der Lebensmittelverschwendung eine Priorität darstellen muss, wenn es darum geht, die Nahrungskette effizienter zu machen und den Druck auf die endlichen Ressourcen zu mindern.

Mit der Frage der Ernährungssicherheit gehen Bedenken hinsichtlich der Auswirkungen der weltweiten Lebensmittelproduktion und der Lebensmittelverschwendung auf die Umwelt einher. Im Moment werden die endlichen Ressourcen unseres Planeten in einem so hohen Maße beansprucht, dass die Umwelt dadurch äußerst stark belastet wird. Sobald Landfläche in landwirtschaftliche Nutzfläche umgewandelt wird, zerstört dies ein bestehendes Ökosystem. Werden Wälder abgeholzt, so geht nicht nur biologische Vielfalt verloren, sondern es werden auch noch CO_2 und andere Treibhausgase freigesetzt. Diese gelangen schließlich in die Atmosphäre, wo sie wiederum zum Klimawandel beitragen. Zudem stört die Landwirtschaft die Wasserkreisläufe und beeinträchtigt die Bodenqualität. Das geht so weit, dass solche Agrarflächen (makabrerweise) nicht langfristig produktiv sind. Auch hier gilt das Argument, dass wir die Umwelt eigentlich nicht in diesem Maße zerstören müssten, um die Weltbevölkerung zu ernähren. Um noch einmal Tristram Stuart zu paraphrasieren: Wenn wir nicht so viele Lebensmittel wegwerfen, können wir einen Großteil des Drucks mindern, dem die verbleibenden Ökosysteme ausgesetzt sind, und dem Klimawandel entgegenwirken. Hinzu kommt, dass weggeworfene Lebensmittel ihrerseits zu einer unnötigen Umweltbelastung führen: Neben der CO_2-Emission bei ihrer Produktion werden schädliche Treibhausgase (vor allem Methan) freigesetzt, wenn diese Lebensmittel auf einer Deponie verrotten. Man sieht: Bereits der Umweltaspekt sollte ausreichen, um sich ernsthaft mit der Frage zu beschäftigen, wie wir dafür sorgen können, dass weniger Lebensmittel weggeworfen werden. Addiert man zu dem ökologischen Aspekt noch die zuvor dargestellten sozialen Auswirkungen (ganz zu schweigen vom wirtschaftlichen Wert, der hier verloren geht), so wird deutlich, dass die Verschwendung von Lebensmitteln nichts weniger als skandalös ist. Selbst wenn es einem widerstrebt, in die Sprache der Panikmacher zu verfallen, und man nicht von einer Krise reden möchte, so kann doch niemand leugnen, dass es sich lohnt, über diesen Punkt nachzudenken: Was kann man dagegen tun, dass so viel Essen im Müll landet?

Immerhin befassen sich Regierungen und Bürger seit ein paar Jahren zunehmend mit dem Thema Lebensmittelverschwendung. Ein präziser Überblick über die aktuelle Debatte und ihre Entstehung würde den Rahmen dieser kurzen Einführung sprengen[42]. Doch allein die Tatsache, dass die FAO (Food and Agriculture Organization of the United Nations) sich mit dem Problem beschäftigt, signalisiert seine globale politische Bedeutung, und der Erfolg von Aktivisten wie Stuart und Bloom weist auf seine wachsende Relevanz im öffentlichen Bewusstsein hin. Darüber hinaus sollte man erwähnen, dass sich die Europäische Union intensiv mit der Lebensmittelverschwendung beschäftigt: Das EU-Parlament hat am 19. Januar 2012 die Europäische Kommission aufgefordert, das aktuelle Volumen weggeworfener Lebensmittel bis 2025 um die Hälfte zu reduzieren (Schätzungen der Europäischen Kommission zufolge werden in der EU jährlich 90 Millionen Tonnen Lebensmittel weggeworfen), und 2014 wurde sogar zum „Europäischen Jahr gegen Lebensmittelverschwendung" ausgerufen. Die EU steht hier nicht allein da: Auch in den USA, Australien, China und vielen anderen Ländern wird man aktiv. Außerdem sollte man nicht vergessen, dass auch in weniger entwickelten Ländern viele Lebensmittel auf dem Müll landen. Dort geht es jedoch weniger um Verschwendung als vielmehr um den „Verlust"[43] von Lebensmitteln nach der Ernte aufgrund mangelhafter Technologie und fehlerhafter Planung.

Ein solcher Verlust trägt natürlich nicht dasselbe Stigma moralischer Verwerflichkeit, das dem Wegwerfen von Essbarem in den Industrienationen anhaftet. Daher gilt er auch nicht so sehr als „Verbraucher-Problem". Ich will nicht bestreiten, dass Verluste entlang der gesamten Nahrungskette interessant sind und es wert wären, eingehender untersucht zu werden. Doch dieses Buch beschäftigt sich nun einmal explizit mit den Akteuren am *Ende* der Nahrungskette.

Speziell geht es hier um die Verschwendung von Lebensmitteln in europäischen Haushalten, da ich hier das empirische Material gesammelt habe, das meiner Analyse zugrunde liegt. Es ist gar nicht schwer, überraschende Statistiken oder Analysen zu finden, die Haushalte und Verbraucher (im wohlhabenderen Teil der Welt) im Herzen der globalen Lebensmittelkrise verorten. Eine einflussreiche Studie des Waste and Resources Action Programme (WRAP), einer gemeinnützigen britischen Organisation, die im Jahr 2000 als Reaktion auf die EU-Deponierichtlinie von 1999 gegründet wurde und von den vier nationalen Regierungen Großbritanniens finanziert wird, gibt Aufschluss darüber, wie viele Speisen und Getränke in privaten

Haushalten entsorgt werden, und setzt diese Mengen in Kontext. Den dortigen Schätzungen nach[44] landeten im Jahr 2010 in britischen Haushalten 7,2 Millionen Tonnen Lebensmittel und Getränke im Müll bzw. im Ausguss, und 4,4 Millionen Tonnen davon hätten vermieden werden können. Auch hier sind die ökologischen und sozialen Folgen von Bedeutung. Zum Beispiel betragen die CO_2-Emissionen, die mit der vermeidbaren Lebensmittelverschwendung im Zusammenhang stehen, 17 Millionen Tonnen. Das entspricht in etwa einem Viertel der Emissionen aller Autos auf britischen Straßen. Genauso schlimm ist, dass in ein und demselben Land so viele Lebensmittel weggeworfen werden, während immer mehr Bürger Gefahr laufen, keinen ausreichenden Zugang zu Nahrung zu haben. So berichtet der Trusell Trust, eine gemeinnützige Organisation, die das größte Netzwerk von Lebensmittelbanken in Großbritannien betreibt, dass sich die Anzahl der Lebensmittelpakete für Bedürftige binnen eines Jahres (von 2011 bis 2012) verdoppelt hat. Zusätzlich zu den sozialen und ökologischen Auswirkungen ist da aber auch noch der wirtschaftliche Verlust: Das WRAP schätzt den Wert der in Großbritannien jährlich weggeworfenen Nahrung auf umgerechnet 14,4 Mrd. Euro – das entspricht 580 Euro pro Haushalt.

Aus anderen Ländern gibt es ganz ähnliche Zahlen. Wie die Institution of Mechanical Engineers berichtet, werden in den Industriestaaten 30 bis 50 Prozent der gekauften Lebensmittel „vom Käufer" weggeworfen. Insgesamt, so schätzt man, treten etwa 40 Prozent der Lebensmittelverschwendung in den Industrienationen gegen Ende der Nahrungskette auf – im Einzelhandel und beim Endverbraucher[45]. In der Bevölkerung und in der Politik gilt die Verschwendung von Lebensmitteln daher als „End-of-pipe"-Problem, mit dem Schwerpunkt auf Haushalten, Verbrauchern und öffentlicher Abfallwirtschaft[46]. Wie wir noch sehen werden, ist diese Sicht der Dinge zwar nicht ganz unproblematisch, aber im Moment soll es genügen festzuhalten, dass private Haushalte – vor allem auf der Nordhalbkugel der Erde – derzeit in eine geradezu skandalöse Verschwendung von Lebensmitteln verwickelt sind, wir zugleich aber noch sehr wenig darüber wissen, welche Praktiken im Haushalt dazu führen, dass Nahrung weggeworfen wird. Bulkeley und Gregson weisen darauf hin, dass sich derzeit noch eine Kluft auftut zwischen der Abfallpolitik und -forschung auf der einen Seite und denjenigen Zweigen der Wissenschaft, die sich mit der Dynamik des Haushalts und Konsumprozessen beschäftigen, auf der anderen Seite. Wenn wir die Menge der Lebensmittelabfälle in den Haushalten wirklich reduzieren wollen, dann muss sich an dieser Situation unbedingt etwas ändern. Es gibt einen großen Bedarf danach herauszufinden, was „hinter verschlossenen Türen"[47] vor sich geht und man möchte nachvollziehen können, warum eigentlich so viel Nahrung im Müll landet. Es war meine Hauptmotivation, diese Wissenslücke zu schließen, und die empirischen Erhebungen durchzuführen, auf denen meine Analyse fußt.

Worum geht's?

Dies ist kein Buch darüber, dass die weltweite Lebensmittelverschwendung ein Skandal ist[48]. Und es ist auch kein Buch darüber, wie viele Lebensmittel momentan im Hausmüll landen[49]. Stattdessen soll es in diesem Buch um die Prozesse gehen, die aus dem, was wir als *Nahrung* definieren, etwas machen, das wir als *Abfall* definieren. Wir verlassen also gleich zu Beginn die höheren Gefilde der Wissenschaft und der globalen Krisen und gehen direkt ans Eingemachte. Die Grundlage hierfür ist vor allem das empirische Material einer ethnographischen Studie über das Wegwerfen von Lebensmitteln in Haushalten im

Nordwesten Großbritanniens. Natürlich geht es zwischendurch immer wieder um das große Ganze und um überregionale Probleme, doch der Fokus liegt generell auf dem Material, das ich selbst während meiner Feldforschung gesammelt habe.

Dabei möchte ich drei wichtige Themen zusammenbringen:
(1) die Dynamik des täglichen Lebens und die Art und Weise, wie der Abfall in die entsprechenden Abläufe und Praktiken eingebunden ist,
(2) den Haushalt als Forschungsgegenstand[50], als primären Ort des Konsums[51] und als jenen Ort, auf den sich die momentanen Anstrengungen einer Reduzierung der Lebensmittelverschwendung konzentrieren, und
(3) Nahrung als spezifisches Genre der materiellen Kultur.

Diese Themen werden in den folgenden Kapiteln immer wieder auftauchen, während ich untersuche, wie und warum Lebensmittel, die eigentlich für den Verzehr gekauft wurden, in einem Haushalt weggeworfen werden. In Kapitel 2 stelle ich zunächst den theoretischen und methodischen Ansatz meiner Analyse vor. Kapitel 3 und 4 bilden ein Paar: Hier geht es inhaltlich darum, wie der Weg von der *Nahrung* zum *Abfall* genau aussieht: Warum gibt es in einem Haushalt mehr Lebensmittel, als für die wahrgenommenen und unmittelbaren Konsumbedürfnisse erforderlich ist? Kapitel 5 beschäftigt sich dann auf theoretischer Ebene mit diesen *überschüssigen* Lebensmitteln und untersucht mit empirischen Mitteln jene Momente, in denen ihre Zukunft noch nicht entschieden ist. Kapitel 6 und 7 bilden erneut ein Paar. Die Frage hier lautet: Wie wird der *Überschuss* zu *Ausschuss* und damit schlussendlich zu *Abfall*? In Kapitel 8 führe ich dann all diese Erkenntnisse zusammen und gelange so zum Schluss zu einer soziologischen Theorie über die Verschwendung von Lebensmitteln im Haushalt. Dabei geht es

dann auch noch einmal darum, welche praktischen Auswirkungen dieser Ansatz haben kann, sprich: wie er Initiativen unterstützen kann, die das momentane Volumen der Abfälle, die
einmal Lebensmittel waren, reduzieren wollen.

Dieses Buch soll zu gleichen Teilen eine Monographie
sein – und als solche eine ethnographische Studie über die Verschwendung von Lebensmitteln in unseren Haushalten – und
eine Materialsammlung für alle, die sich intensiver mit dem
Thema beschäftigen möchten. Ich werde eine ganze Reihe von
Konzepten aufführen, die für eine ausführlichere Beschäftigung mit dem Thema dienen können. Darüber hinaus bleibt
mir nur zu hoffen, dass dieses Buch für alle nützlich sein wird,
die sich für Lebensmittel und/oder Abfall interessieren, und
dass ich mit meinem Ansatz Kolleginnen und Kollegen, die sich
mit Konsum im Haushalt, materieller Kultur und ganz allgemein mit unserem Alltag beschäftigen, ein wenig neues Material an die Hand gebe.

2
Haushalte und Verbraucher

Immer, wenn es im öffentlichen Diskurs und in politischen Debatten um die Verschwendung von Lebensmitteln geht, rücken Haushalte und Verbraucher auf ganz eigentümliche Weise in den Mittelpunkt. Im schlimmsten Fall macht man sie allein für das aktuelle Niveau der Abfallerzeugung verantwortlich, und im besten Fall weist man darauf hin, dass sie es selbst in der Hand haben, die Dinge zum Guten zu wenden. In diesem Kapitel werde ich mich zunächst mit diesen Tendenzen beschäftigen. Um es gleich vorauszuschicken: Keine von beiden Tendenzen führt uns zu einer adäquaten oder präzisen Vorstellung davon, warum im Haushalt Lebensmittel weggeworfen werden. Im Prolog habe ich darauf hingewiesen, auf welche Weise man das Wegwerfen von Lebensmitteln als Nebenprodukt unseres Alltags interpretieren kann, und in Kapitel 1 ging es darum, wie wichtig es ist, sich eingehender mit dem zu beschäftigen, was im Haushalt „hinter verschlossenen Türen" vor sich geht. Nur so können wir Mittel und Wege finden, wie wir die enorme Menge an Lebensmitteln reduzieren können, die gegenwärtig in unseren Haushalten in den Müll wandert. In diesem Kapitel möchte ich nun ein wenig näher auf die wissenschaftlichen Debatten eingehen, die mich dazu gebracht haben, mich mit diesem Thema zu beschäftigen, und von dort aus ein paar Details meiner ethnographischen Untersuchung anführen, auf denen meine Analyse aufbaut, und darlegen, welche Rolle diese Daten im weiteren Verlauf des Buches spielen werden.

Im vorigen Kapitel habe ich illustriert, wie die Lebensmittelverschwendung derzeit als ein Problem dargestellt wird, das vor allem am Ende der Nahrungskette, also im Haushalt und beim Verbraucher, verortet ist. Dabei habe ich mich einiger Statistiken bedient, die immer wieder angeführt werden, um diese Sichtweise zu stützen. Wenn wir die Debatten über Lebensmittelverschwendung in der (Kultur-)Politik unter die Lupe nehmen, wird noch deutlicher, dass Haushalte und Verbraucher stets einen zentralen Punkt der Agenda einnehmen, wenn das Problem definiert wird und darüber nachgedacht wird, wie man es lösen kann. Zum Beispiel tadelt die bereits erwähnte Institution of Mechanical Engineers in ihrem Bericht „die ‚fortschrittlichsten' und wohlhabendsten Gesellschaften, wo der Großteil der Lebensmittelverschwendung ganz am Ende der Kette auftritt: beim Verbraucher"[52]. Als wichtigste Gründe dafür werden ein maßloses Kaufverhalten, der Wunsch nach ästhetischer Perfektion, ein falsches Verständnis von Mindesthaltbarkeitsdaten und eine generelle Geringschätzung von Lebensmitteln angeführt. Außerdem beruft sich das Institut auf das nur allzu vertraute Bild, dass der Verbraucher von heute „lediglich ein Lebensmittelkonsument" ist, der einer „Kultur mit wenig Verständnis für die Herkunft und den Wert der Nahrung" angehört[53]. Diese Sicht der Dinge findet sich allerorten. So glaubt auch die Ernährungs- und Landwirtschaftsorganisation der Vereinten Nationen (FAO), dass Wohlstand, die Einstellung der Verbraucher und ein Mangel an Problembewusstsein schuld an der Misere sind[54]. Und die Europäische Kommission nennt als Hauptgründe dafür, dass in Europa so viele Lebensmittel weggeworfen werden, „mangelndes Bewusstsein, mangelnde Planung beim Einkaufen, mangelnde Kenntnis der Bedeutung von Mindesthaltbarkeitsdaten und mangelndes Wissen darüber, was man mit Essensresten anfangen kann".[55]

Welche Verantwortung trägt der einzelne Verbraucher?

Es gibt durchaus auch andere Stimmen; manche Fachleute schieben den Schwarzen Peter nicht ausschließlich dem Verbraucher zu[56]. Doch wenn sie Empfehlungen aussprechen, wie der Lebensmittelverschwendung begegnet werden kann, beschränken sich die meisten dann doch wieder auf den einzelnen Verbraucher, dessen Wissen und Einstellungen man verbessern müsse, um seine Entscheidungen und sein Verhalten zu beeinflussen. Stuarts[57] Strategie beispielsweise lautet, die Menschen für die „nicht-finanziellen Kosten der Verschwendung von Nahrung" (Folgen für die Umwelt, Hunger in der Welt) zu sensibilisieren. Und die Kampagne *Love Food Hate Waste* der WRAP[58] stellt Informationen bereit, die Individuen in die Lage versetzen sollen, ihr Verhalten zu ändern. Diese Vorschläge sind insofern ganz erfrischend, als sie positiv formuliert sind und ohne erhobenen Zeigefinger auskommen. Zudem haben zumindest einige dieser Vorschläge das Potenzial, tatsächlich etwas zu bewegen.

Doch da bei all diesen Empfehlungen und Hinweisen stets der einzelne Haushalt im Mittelpunkt steht und man immer nur hier ansetzt, um dem Problem beizukommen, sieht es wieder so aus, als sei die ganze Misere einzig und allein die Schuld der Verbraucher. Das ist insofern problematisch, als hier nur ein ganz begrenztes Instrumentarium zur Anwendung kommt und wichtige soziologische Erkenntnisse rund um Haushaltsdynamik und Konsumprozesse ausgeblendet werden. Das wiederum bedeutet, dass viele aktuelle Initiativen auf einem falschen Verständnis dafür aufbauen, *warum* in einem Haushalt eigentlich Lebensmittel weggeworfen werden, und daher im Endeffekt auch nicht für Veränderungen in einer Größenordnung sorgen können, wie sie eigentlich nötig wären. Bevor wir aber dazu kommen, sollten wir die Tendenz, die Beseitigung von Missständen dem Individuum anzulasten, noch ein wenig näher betrachten.

Es ist eigentlich nicht weiter verwunderlich, welch große Rolle die Haushalte und die Verbraucher in öffentlichen und in politischen Debatten über Lebensmittelverschwendung spielen. Sobald über Nachhaltigkeit, Klimawandel, öffentliche Gesundheit und Handelsgerechtigkeit diskutiert wird (um nur ein paar Themen zu nennen), gelten die Verbraucher als Teil des Problems und als Teil der Lösung. In ihrer Analyse ethischen Konsums untersuchen Clive Barnett und seine Kollegen[59] die Genealogie des „Verbrauchers": Wann und wie hat man sich darauf geeinigt, dass Individuen ihre Rechte und Pflichten als Bürger mithilfe dieses Konstrukts ausdrücken sollen? Sie verwehren sich gegen die Annahme, dass „Konsum" erst in jüngster Zeit als ethisch sensibler und politisch aufgeladener Begriff aufgetreten ist[60]. Ihrer Meinung nach gibt es „den Verbraucher" als Konstrukt schon viel länger; er ist im Laufe der Geschichte lediglich immer wieder neu konstituiert und instrumentalisiert worden. Im Falle des ethischen Konsums erkennen die Forscher ausdrücklich an, dass dieser auch „Recycling- und Abfall-Kampagnen umfasst"[61], und sie verweisen darauf, dass man dieses Phänomen zu den Veränderungen in der politischen Mobilisierung in Bezug setzen muss, bei der ein neues *Repertoire*[62] politischen Handelns entsteht (z. B. Boykott und Demonstrationen) und neue *Akteure* identifiziert werden, die das Engagement erleichtern (z. B. neue soziale Bewegungen, die die traditionelle Parteipolitik ersetzen). Dass immer mehr Menschen darauf achten, *was* sie *wie* konsumieren, liegt ihrer Meinung nach an „Strategien und Repertoires, die von einer ganz vielfältigen Palette staatlicher und nicht-staatlicher Akteure geteilt werden"[63]. Soll heißen: Ihr analytischer Fokus verschiebt sich – weg vom ethischen Handeln des einzelnen Verbrauchers und hin zu den vereinten Anstrengungen von Organisationen und Institutionen wie Kampagnen, Lobbygruppen und Verbänden, die sich um einen fairen Handel bemühen.

Sie enthüllen, auf welche Weise die Vorstellungen des einzelnen Verbrauchers an die „Oberfläche der Regierung" (dem öffentlichen und stets sichtbaren Akteur von Kampagnen zum ethischen Konsum) gelangen und weisen dadurch darauf hin, dass Aktivisten „narrative Ressourcen ethischer Verantwortung" einsetzen, um dem Individuum das Gefühl zu geben, dass es verpflichtet ist, zu handeln, aber zugleich eben auch mit seinem Handeln „etwas bewegen kann". So bringt man die Menschen zusammen und sorgt dafür, dass sie sich gemeinsam für ein bestimmtes Anliegen stark machen. In enger Anlehnung an Foucaults Theorien zur „Gouvernementalität"[64] analysieren sie, wie Macht ausgeübt wird in Situationen, in denen frühere Konzepte von zentralisierter oder souveräner Herrschaft keinen Sinn mehr ergeben. Die Gouvernementalitäts-Theorie befasst sich mit der Entstehung einer subtilen Beziehung zwischen Herrschern und Beherrschten, indem sie sich darauf konzentriert, wie sich im Zuge der Entstehung des modernen Staates zugleich das Konzept des autonomen Individuums entwickelt hat. Sie unterstreicht die Art und Weise, wie zeitgenössische Regierungsformen ihre Ziele erreichen. Sie regulieren das Verhalten der Bürger, indem sie sich auf deren Fähigkeit zur eigenen Organisation und zur Selbstverwaltung unterhalb der staatlichen Ebene verlassen. Hier übt der Staat nicht etwa Macht aus, indem er die Freiheit der Bürger einschränkt oder sie überwacht, sondern indem er den freien und mündigen Bürgern Möglichkeiten schafft, sich so zu verhalten, dass der Staat das erreicht, was er erreichen möchte. Im Mittelpunkt solcher Bemühungen stehen immer zwei Voraussetzungen: dass das autonome Individuum zur Selbstkontrolle fähig ist und dass es Organe bzw. Behörden gibt, die dem autonomen Individuum das nötige Wissen zur Verfügung stellen können, das dafür sorgt, dass die Menschen so handeln, wie sie handeln sollen. Das Phänomen des ethischen Konsums erklären Barnett et al. durch die immer lauter werdende Forderung danach, dass „der Verbraucher" an sich arbeitet und – mit Hilfe einer ganzen Reihe zwischengeschalteter Stellen – sein Verhalten ändert.

Sie zitieren Lockies Beschreibung des australischen Bio-Lebensmittel-Sektors als beispielhafte Analyse. Diese zeigte auf, wie sich Einzelhändler, Ernährungswissenschaftler und Marktforscher dafür einsetzen, bei der Bevölkerung einen Sinn für ethische Verantwortung zu wecken und den Verbrauchern moralische Hilfestellung zu geben[65].

Ich vermute, dass derzeit ähnliche Prozesse dafür sorgen sollen, dass die Menge der Lebensmittelabfälle in Privathaushalten reduziert wird. Eine Reihe staatlicher und nichtstaatlicher Akteure sorgt für einen öffentlichen Diskurs darüber, wer hier in die Pflicht zu nehmen ist. Dazu zählen internationale Organisationen (wie die FAO), formell-politische Institutionen (wie die Europäische Kommission), hochkarätige Persönlichkeiten aus der Aktivistenszene (wie Tristram Stuart) und der Kulturlandschaft (wie Starköche), die Medien (u. a. Social Media) und sogar Lebensmitteleinzelhändler[66]. Wie bereits erwähnt, wälzen diese Akteure das Problem der Verschwendung von Lebensmitteln mit Vorliebe auf den Verbraucher und sein individuelles Verhalten ab.[67]

Dabei ist es durchaus möglich, kalkulatorische Technologien zu verwenden, z. B. exakte Zahlen zu ermitteln, die das Ausmaß des Problems quantifizieren und aufzeigen, wie viel davon auf die Verbraucher zurückgeführt werden kann, sowie deutlich zu machen, was dies „pro Haushalt" bedeutet (siehe Kapitel 1). Kalkulatorische Technologien dienen außerdem dazu, das Kollektiv der Verbraucher besser zu informieren. So hat die Chartered Institution of Mechanical Engineers bei einer Befragung britischer Konsumenten 2013 festgestellt, dass 45 Prozent von ihnen behaupteten, das Aussehen spiele für sie bei Obst und Gemüse keine Rolle. 10 Prozent gaben sogar an, speziell nach Artikeln mit optischen Makeln zu suchen.[68] Wenn wir uns kurz daran erinnern, dass als Grund für weggeworfenes Obst und Gemüse oft der Wunsch der Verbraucher nach ästhetischer Perfektion bemüht wird, so wird deutlich, dass solche Zahlen eine nützliche Quelle darstellen können, um Einfluss auf Lebensmittelunternehmer und politische Entscheidungsträger zu nehmen.

Kampagnen gegen Lebensmittelverschwendung wollen die Verbraucher nicht nur mobilisieren und zum Handeln bewegen. Sie bemühen sich auch, die Verbraucher überhaupt erst dazu in die Lage zu versetzen. Dies geschieht oftmals in Form moralischer und durchaus auch praktischer Anleitung. Hier wäre zum Beispiel an Jonathan Blooms ausgezeichnetes Buch über die Verschwendung von Lebensmitteln in Amerika zu denken, bei dem sich ein Kapitel mit Privathaushalten beschäftigt (*Home is Where the Waste is*"). Darin legt Bloom auf subtilnuancierte Weise dar, warum die Menschen Lebensmittel wegwerfen, und geht ausführlich darauf ein, wie man das verhindern kann. Hier einige seiner Ratschläge: „Mahlzeiten planen", „Einkaufslisten anfertigen", „nicht auf Vorrat kaufen", „Essen sichtbar halten" und „an den Gefrierschrank denken". Zweifellos sind diese Ratschläge gut gemeint und durchdacht, und wahrscheinlich können sie bestimmten Haushalten auch tatsächlich dabei helfen, mit einem Teil ihrer Nahrung besser umzugehen und weniger davon wegzuwerfen. Ich möchte Blooms Buch hier überhaupt nicht kritisieren, und genauso wenig will ich mich der immer wieder geäußerten Kritik anschließen, die die Gouvernementalitäts-Theorie mit den schlimmeren Auswüchsen des Neoliberalismus in Verbindung bringt. Ich habe (wie auch Barnett et al.) jedoch große Bedenken, die ganze Verantwortung dem einzelnen Verbraucher zuzuschieben. Wer das tut, setzt nämlich voraus, dass man das „Konsumentenverhalten" rational steuern kann und dass Interventionen in diesem Bereich ohne große Probleme zum gewünschten Ergebnis führen. Beide Annahmen beschönigen, auf welche Art und Weise normale Menschen konsumieren (und damit auch die Ethik ihres Verhaltens), und sie verschleiern, wie ihr Konsum mit der Strukturierung und Dynamik ihres täglichen Lebens zusammenhängt. Auf diese Fragen werde ich als Nächstes eingehen.

Konsum und Praxistheorien

Seit ein paar Jahren wird die Konsumsoziologie – zumindest in der nördlichen Hälfte Europas – stark vom sogenannten *Practice Turn* in der Sozialtheorie beeinflusst[69]. Diese Entwicklung hat dafür gesorgt, dass sich der analytische Fokus in der Konsumforschung verschiebt: weg vom „Verbraucher" und hin zu damit verbundenen Vorstellungen von Individualismus oder Souveränität. Praxistheorien umfassen ein breites Spektrum von Erkenntnissen aus der Sozial- und der Kulturtheorie; was sie eint, ist die Überzeugung, dass Praktiken – im Gegensatz zu Individuen, sozialen Strukturen und Diskursen – die grundlegende Einheit der Gesellschaftsanalyse darstellen. Dies lädt dazu ein, sich auf die Dynamik von Tätigkeiten zu konzentrieren. Grundsätzlich definiert man dabei Praktiken als routinemäßige Tätigkeiten[70] wie Kochen, Waschen, Wohnen oder Radfahren, die man erledigt, ohne sonderlich darüber nachzudenken, wie und warum. Die Praxis stellt eine koordinierte Verknüpfung dessen dar, was jemand tut und sagt[71], soll heißen: Die Praxis umfasst sowohl die praktische Tätigkeit als auch ihre Darstellung. Es existiert also immer eine ganze Reihe etablierter Vereinbarungen, Verfahren und Verpflichtungen, die regeln, wann sich jemand angemessen verhält und wann nicht[72]. Demnach ist das Individuum mitnichten der autonome Urheber seiner eigenen Handlungen: Es setzt lediglich routinemäßig das in die Tat um, was – dem gemeinsamen Verständnis gemäß – der Normalität entspricht bzw. einer subjektiven Interpretation des Verhaltens, das dazu erforderlich ist, eine bestimmte Praxis auf zufriedenstellende Weise auszuüben.

In diesem Zusammenhang sollte man festhalten, dass eine solche Praxis sowohl eine Instanz sein kann als auch eine Handlungsweise[73]. Also besteht die soziale Welt zunächst einmal aus Praktiken, die „da draußen" als erkennbare und unterscheidbare Instanzen existieren, die durch viele verschiedene Elemente konfiguriert werden. Für Reckwitz gehören dazu:

> Formen körperlicher Aktivität, Formen geistiger Aktivität, „Dinge" und ihre Verwendung, Hintergrundwissen in Form von Begreifen, Expertise, Gemütszuständen und motivierendem Wissen.[74]

Es gibt keinen allgemein anerkannten Katalog von Elementen, die Praktiken als Instanz definieren, aber die meisten Forscher sind sich einig, dass es folgende Bestandteile sind:
- Objekte, Materialien und Technologien,
- Bedeutungen und Bilder,
- Fähigkeiten und Kompetenzen,
- kulturelle Konventionen,
- soziale und wirtschaftliche Institutionen,
- räumliche und zeitliche Organisation.[75]

Die spezifische Ausgestaltung und Anordnung dieser Bestandteile konfiguriert eine Praxis als identifizierbare und nachvollziehbare Instanz. Es reicht jedoch nicht aus, dass solche Praktiken einfach nur als Instanz existieren: Um zu überleben, müssen sie aktiv angewendet werden. Insofern ist die Reproduktion von Praktiken (als wiedererkennbare Instanzen) darauf angewiesen, dass jemand sie auf bestimmte Weise ausübt oder durchführt und im Alltag dafür sorgt, dass ihre verschiedenen Bestandteile zu einer Einheit verschmelzen. Hierzu Elizabeth Shove:

> Indem die Menschen jeden Tag Wäsche waschen, halten sie eine bestimmte Formel für das Wäschewaschen aufrecht [...]. Dann ist es normal, täglich Wäsche zu waschen; das gilt aber nur so lange, wie eine ausreichende Zahl an Personen dies auch weiterhin tut.[76]

Die Unterscheidung zwischen der Praxis als Instanz und der Praxis als Handlungsweise gibt uns Gelegenheit, danach zu fragen, an welcher Stelle innerhalb dieser Theorien das „Individuum" zu finden ist. Im ganz normalen Alltag neigen Praktiker (handelnde Individuen) dazu, bestehende Praktiken so auszuführen, wie sie es immer tun. Man ist daran gewöhnt, die Dinge auf eine bestimmte Art und Weise zu erledigen, und das tut man in der Regel konsequent durch Raum und Zeit. Auf diese Weise werden bestehende Instanzen immer wieder reproduziert. Allerdings neigen Praktiker ebenfalls dazu, bestehende Praktiken „anzupassen, zu improvisieren und damit zu experimentieren". Dadurch entstehen wieder neue Konfigurationen bestehender Elemente (oder es entwickeln sich neue). Insofern sind Praktiken „gemäß ihrer eigenen inneren Logik dynamisch" und „enthalten schon im Kern den Ansatz zu einem ständigen Wandel"[77]. Es sind bestimmte Handlungsweisen, durch die eine Praxis von handelnden Personen als Instanz reproduziert, modifiziert oder auf sonstige Weise verändert wird.

Wie bereits erwähnt, hat diese Theorie – seit der Veröffentlichung von Alan Wardes bahnbrechendem Artikel „Consumption and theories of practice"[78] – erhebliche Auswirkungen darauf, wie wir den Konsum in konzeptueller Hinsicht wahrnehmen. Demnach findet der Verbrauch bestimmter Dinge auf bestimmte Weise innerhalb und im Interesse der Praktiken statt[79]. Es handelt sich dabei also um einen „Moment", der entsteht, während wir eigentlich gerade etwas anderes tun, und der weniger mit individuellen Einstellungen oder Wünschen zu tun hat als mit den gemeinsamen Anforderungen für das Erreichen befriedigender Ergebnisse bei der Durchführung einer bestimmten Praxis.

Diese Erkenntnisse sind besonders wichtig für Bereiche, in denen die Politik den einzelnen Verbraucher in die Pflicht nimmt. Ein Beispiel: Wir wissen heute, dass die Muster des Energieverbrauchs auf der Nordhalbkugel ökologisch nicht vertretbar sind und dass dafür bestimmte Formen des Konsums verantwortlich sind, die der Umwelt schaden. Doch dank der gerade gewonnenen Erkenntnisse wissen wir, dass dies mitnichten einfach nur ein Problem individuellen Konsumverhaltens ist. Stattdessen sind diese Formen des Konsums in die herrschende Struktur von Praktiken eingebettet, die wiederum von einer kollektiven Entwicklung abhängen, nämlich dem, was der Mensch als „normale" Lebensweise ansieht[80]. Elizabeth Shove[81] hält fest, dass man heutzutage gerne alle Probleme von vornherein auf die Einstellungen, Verhaltensweisen und Entscheidungen des Individuums abwälzt und dabei sozialwissenschaftliche Perspektiven vernachlässigt, die außerhalb der „dominanten Paradigmen der Ökonomie und Psychologie"[82] liegen. Dabei bieten diese Perspektiven eine Fülle von Ressourcen, anhand derer man viel besser die Dynamik individueller Handlungsweisen erklären kann und kreativ über Strategien nachdenken kann, mit denen man dieses Verhalten vielleicht ändern könnte.

Jedem sollte klar sein, dass sich die öffentliche und politische Debatte über die Verschwendung von Lebensmitteln im Haushalt nicht ausreichend an den Entwicklungen orientiert, die ich in diesem Abschnitt beschrieben habe. Hoffentlich sorgt die vorausgegangene Diskussion dafür, dass mehr Menschen Berichte anzweifeln (oder wenigstens nicht von vornherein abnicken), in denen es heißt, die Lebensmittelverschwendung sei lediglich auf einen Mangel an Wissen beim individuellen Verbraucher bzw. auf dessen Einstellungen zurückzuführen. Stattdessen möchte ich in diesem Buch erklären, in welcher Beziehung das sogenannte Abfallverhalten zur Dynamik unseres täglichen Lebens steht. Dadurch ergibt sich vielleicht ein etwas genaueres Bild von dem Umstand, dass im Haushalt so viele Lebensmittel in den Müll gelangen. Bevor ich dazu komme, möchte ich jedoch noch ein paar Perspektiven darlegen, die die Praxistheorien ergänzen, aber vordergründig eher in jenen Bereich der Forschung zu gehören scheinen, der sich mit der materiellen Kultur befasst.

Konsumforschung in den eigenen vier Wänden

Innerhalb der Forschung zur materiellen Kultur gibt es traditionell eine starke Tendenz, sich mit dem Konsum im privaten Wohnraum zu beschäftigen[83]. Ein Großteil der entsprechenden Forschungsarbeiten fußt auf umfassenden empirischen Untersuchungen und weist eine starke ethnografische Komponente auf. Doch wie Sarah Pink ganz richtig kommentiert, stellt eine „Anthropologie, die sich mit dem Wohnbereich befasst und sich dort auch abspielt, die traditionellen ethnografischen Forschungsergebnisse infrage"[84], da sich ihr Gegenstand, ihre Methode und die Beziehung der Forscher zu ihrem Forschungsgebiet signifikant von herkömmlichen Ansätzen à la Malinowski unterscheidet. Dennoch hat Daniel Miller darauf hingewiesen, dass die Anthropologie, vor allem in zeitgenössischen Industriegesellschaften, endlich „hinter verschlossenen Türen"[85] stattfinden muss und sich mit eben jenen Räumen befassen sollte, in denen sich „der größte Teil des Lebens der Menschen abspielt"[86]. Da der Privathaushalt der wichtigste Ort sei, an dem Konsum stattfinde[87], müsse sich die Konsumforschung – wie auch die Anthropologie – genau in diese Richtung orientieren, so Miller. Generell sei es nötig, dass wissenschaftliche Untersuchungen zum Konsum und den Bedürfnissen der Menschen „mitten im privaten Bereich" durchgeführt werden[88]. Forscher, die diesem neuen Mantra folgen, haben bereits demonstriert, wie Prozesse rund um den Konsum im Privathaushalt im Mittelpunkt von Studien stehen, bei denen es um Personalisierung und Widerstand[89], um soziale Unterschiede[90], um das Entstehen von Gefühlen der Geborgenheit[91], um das Selbstverständnis des Einzelnen, um Beziehungen, die auf Sorgfalt und Hingabe beruhen, und um zeitgenössische Formen der Mobilität[92] geht.

Etwas allgemeiner formuliert, geht es darum, den zahlreichen, doch ziemlich übertriebenen Behauptungen zur „Konsumkultur" etwas entgegenzusetzen. Früher bedienten sich die einflussreichsten Ansätze der Konsumforschung einer geradezu überschwänglichen oder abgehobenen Sprache. Da ging es ständig um *Ästhetik, Identitätsbildung, Begehren, Hedonismus, Freiheit, Repräsentation, Dominanz, Manipulation* und *Ideologie*. Seither haben mehrere Jahrzehnte sozialwissenschaftlicher Forschung bewiesen, dass ein großer Anteil des Konsums eher banal und gewöhnlich ist.[93] Wenn wir die Konsumforschung dorthin bringen, wo sie hingehört, nämlich in die vier Wände des Konsumenten, dann können wir auch den Prozessen und Inhalten des Konsums sowie den Personen, die bis dato allesamt unter der vorbelasteten Rubrik „Verbraucher" subsumiert wurden, die nötige wissenschaftliche Aufmerksamkeit schenken. Auch hier war es wieder Daniel Miller, der besonders gut demonstriert hat, wie ethnographische Begegnungen ein Bild malen können, bei dem die Verbraucher weder schamlose

Hedonisten noch passive Betrogene sind. Im Rahmen einer ganzen Reihe von Überlegungen zu einigen eher moralistisch angehauchten Theorien zur Konsumkultur argumentiert er, dass ein wichtiger Teil dessen, was bislang als „Konsum" durchging, in Wirklichkeit von zentraler Bedeutung für den Aufbau und die Ausgestaltung sinnvoller Beziehungen zwischen Personen ist. Veranschaulicht wird das durch bestimmte Vorstellungen von Sparsamkeit und Opferbereitschaft. In diesem Zusammenhang sei hier ein Zitat angeführt, das besonders bei Studenten sehr beliebt ist:

> Wenn eine Mutter für ihr Kind shoppen geht, dann kann es sein, dass sie in einem Geschäft hundert Kleidungsstücke findet, die für die Kinder ihrer Freundinnen allesamt völlig okay sind. Doch sie liebt ihr eigenes Kind so sehr, dass sie etwas finden will, das die Waage hält zwischen dem, was seine Schulfreunde „cool" finden und was ihre Familie für angemessen hält. Das ist ihr so wichtig, dass sie alle hundert Kleidungsstücke links liegen lässt und weitersucht, nach dem einen, was genau zu ihren subtilen und anspruchsvollen Bedürfnissen passt. Eine Frau, die das Gefühl hat, dass ihr Freund ihr so viel Aufmerksamkeit schenkt, dass er ohne sie losgehen könnte und ihr ein Paar Schuhe kaufen kann, das genau zu ihr passt, die weiß: Mit dem habe ich einen echten Fang gemacht.[94]

Miller weist darauf hin, dass es wünschenswert wäre, wenn Anthropologen und Ethnologen ihre Studien zum Konsum und zu unserer eigenen Konsumkultur mit der gleichen Geduld und Empathie und dem gleichen Respekt durchführen würden, den sie anwenden, wenn sie sich mit den Problemen „anderer" beschäftigen. Dann nämlich würden sie ganz schnell feststellen, dass die materielle Kultur in den Gesellschaften nur wenig mit den fetischisierten Verbrauchsgütern zu tun hat, die in der theoretischen Konsumkritik immer so gerne in den Mittelpunkt rückt.

Diese „geerdete Form der Konsumforschung"[95] hat für bedeutende Fortschritte gesorgt, wenn es darum geht, die „Mythen der Konsumgesellschaft"[96] zu entlarven. Wenn man den Fokus auf den Konsum im Haushalt lenkt, wird jedoch laut Nicky Gregson[97] deutlich, dass es beim Konsum um mehr geht als um Kaufen, Aneignung und Wertschätzung: Es geht auch um „Sortieren, Aufbewahren und wieder Loswerden"[98] und, wie ich bereits an anderer Stelle erwähnt habe[99], um Entwertung, Veräußerung und Entsorgung. Der Hang dazu, sich vor allem mit dem „vorderen Ende"[100] des Konsums zu beschäftigen, so argumentieren Gregson und ihre Kollegen, führt dazu, dass bestimmte Mythen und Legenden rund um den Konsum immer wieder unreflektiert nacherzählt werden, und zwar speziell solche, bei denen es „um die Verknüpfung von Verbrauch, Abfall und Entsorgung" geht[101].

Ein solcher Mythos ist, dass zeitgenössische Konsumkulturen „Wegwerfgesellschaften" sind, also exzessive Gesellschaften, die über die Maßen verschwenderisch leben und sich durch eine grob fahrlässige Geringschätzung der materiellen Welt gegenüber auszeichnen[102]. Gregson und ihre Kollegen sind anderer Meinung, und sie erweitern die Konsumforschung um Fragen der Veräußerung und Entsorgung mit einer gründlichen ethnographischen Untersuchung, die der Frage nachgeht: Wie entledigen sich Haushalte gewöhnlicher Konsumobjekte? Sie weisen darauf hin, dass die Behauptung, wir lebten in einer „Wegwerfgesellschaft", nicht auf empirischen Untersuchungen basiert[103], und sie zeigen auf, dass die Veräußerung von Gegenständen an sich ein „angstbeladener Prozess" ist[104] und dass wir lediglich 29 Prozent dessen, was wir aussortieren, über den Abfallstrom entsorgen. Der Rest wird weitergegeben, herumgereicht oder auf andere Weise vor dem Abfalleimer bewahrt[105]. Gregson et al. haben bei ihrer Untersuchung indes ganz bewusst „Essensreste und andere Überbleibsel der Nahrungsaufnahme" ausgeklammert[106].

Die folgende Analyse fußt auf einer Studie, die initiiert wurde, um nachzuvollziehen, warum private Haushalte so unbestreitbar riesige Mengen an Nahrung wegwerfen (im Grunde sind die 29 Prozent nämlich gar nicht so erstaunlich, wenn man bedenkt, dass weggeworfene Lebensmittel dabei nicht berücksichtigt wurden), und zwar ohne auf die Standarderklärungen zurückzugreifen, die sich inzwischen allerorten in der (Kultur-) Politik breitgemacht haben.

Hinter verschlossenen Türen

Wie erwähnt, existiert eine ziemliche Kluft zwischen den sozialwissenschaftlichen Ansätzen zum Thema Konsum im Privathaushalt und im Alltag auf der einen Seite und dem Tenor der öffentlichen und politischen Debatten über Lebensmittelverschwendung auf der anderen. Man könnte die aktuelle Situation etwa so charakterisieren: Die Politik beobachtet, dass (zugegebenermaßen alarmierend) große Mengen an Lebensmitteln weggeworfen werden, und instrumentalisiert diese bloße Feststellung für unbegründete Rückschlüsse und komplett unbegründete Annahmen, *warum* dies geschieht. Soweit ich dies beurteilen kann, fußen entsprechende Berichte der Institution of Mechanical Engineers (IMechE) und der Ernährungs- und Landwirtschaftsorganisation der UNO nicht auf empirischen sozialwissenschaftlichen Studien. Insofern können die darin aufgeführten Erklärungen kaum mehr sein als schlichte Vermutungen bzw. etwas, das der „gesunde Menschenverstand" den Autoren diktiert hat. Und alle Empfehlungen, die auf solchen Vermutungen aufbauen, gehen höchstwahrscheinlich an der Realität vorbei und führen in die Irre. Wie Bulkeley und Gregson ganz richtig schreiben, müssen sich Politik und Forschung in puncto Abfall gründlicher als bisher mit dem „Haushalt, der primären Einheit des Konsums"[107], beschäftigen. Dieses Buch gibt einige Denkanstöße dazu, wie dies vonstattengehen kann und wie wir neue Strategien entwickeln können, um die Menge des Abfalls zu reduzieren. Die entscheidende Grundlage hierfür ist ein neuer Ansatz, der sich damit befasst, *wie* und *warum* Lebensmittel im Haushalt weggeworfen werden. Anstatt lediglich festzustellen, wie viel Lebensmittel im Müll landen, um daraus irgendwelche Schlüsse zu ziehen, nehme ich den umgekehrten Weg: Für meine Studie lasse ich die Kategorie *Abfall* zunächst einmal außen vor. Stattdessen werde ich „die Schwelle überschreiten"[108] und mich mit der Dynamik des Privathaushalts und den dortigen Konsumprozessen und alltäglichen Praktiken beschäftigen. Auf Basis dessen möchte ich herausfinden, wie diese Prozesse und Praktiken dazu führen, dass wir etwas wegwerfen.

Als ich mich an die Vorbereitungen für dieses Buch machte, wurde mir schnell klar, dass ich mein Ziel am besten mit den Mitteln der Ethnographie erreichen würde. Wenn ich beispielsweise auf einer Umfrage hätte aufbauen wollen, hätte ich es schwer gehabt, nicht automatisch genau jene Annahmen zu reproduzieren, auf denen die bestehenden Erklärungsmuster aufbauen. Insofern hätten auch qualitative Techniken wie statische Einmalinterviews nicht zum Erfolg geführt. Zumal die Befragten dabei höchstwahrscheinlich Antworten gegeben hätten, die sie in sozialer Hinsicht in ein besonders gutes Licht rücken („Also, eigentlich werfe ich kein Essen weg.") oder die auf vorhandene kulturelle Deutungsmuster zurückgreifen, um das eigene Handeln zu erklären („Die Rabattaktionen sind schuld, oder?"). Eine theoretische Orientierung in Richtung Praxis erfordert es, einen Schwerpunkt nicht nur auf das „Reden", sondern auch auf das „Tun"[109] zu legen. Dazu ist ein methodischer Ansatz nötig, der das Reden über einen längeren Zeitraum innerhalb des situationsgebundenen Handelns verortet. Außerdem hätte eine direkte, einmalige Begegnung mit Befragten das Risiko mit sich gebracht, dass bestimmte Identitäten und Beziehungen in den Vordergrund rücken, über die die meisten Menschen nicht unbedingt sprechen möchten oder mit denen sie nicht konfrontiert werden wollen.[110] Man bedenke allein die vielen normativen Konnotationen des Begriffs *Abfall*. Abgesehen von meinen Bedenken, was die Forschungsethik betrifft, hatte ich den Verdacht, dass es daher auch nicht ganz einfach wäre, überhaupt Menschen zu finden, die an einer solchen Befragung teilnehmen und nicht sofort wieder abspringen würden, wenn sie hörten, um was es ging. Um einen laufenden Zugriff auf Teilnehmer für meine Studie zu haben, musste also ein anderer Ansatz her. Ein Ansatz, bei dem ich den Abfall lediglich als einen von vielen – positiver besetzten – Prozessen im Haushalt betrachtete.[111]

Wie bereits erwähnt, stellt jede Forschung, die sich mit Dingen beschäftigt, die hinter verschlossenen Türen stattfinden, die traditionellen Vorstellungen ethnographischer Arbeit auf eine harte Probe. Tatsächlich sind die Schwierigkeiten bereits gut dokumentiert, die sich ergeben, wenn Forscher in das Privatleben und in die intimen Räume ihrer Zielpersonen eindringen – Zielpersonen, die die Ethnologen in der Regel höchstens besuchen und mit denen sie nicht etwa zusammenleben[112]. Es gibt für diese Schwierigkeiten allerdings auch bereits ein paar Lösungsansätze[113]. Nun möchte ich hier gar nicht lang und breit meine Methodik darlegen, aber ich werde oft gefragt, welchen Ansatz ich bei meiner Feldforschung verwende[114], und insofern käme es mir schon wie ein Versäumnis vor, nicht zumindest ein paar Worte dazu zu sagen, welche Strategien ich mir für meine Forschung „hinter verschlossenen Türen"[115] zugelegt habe.

Da es sich um eine Studie zur materiellen Kultur handelt, wollte ich mit meiner Feldforschung herausfinden, wie Dinge, die als *Nahrung* gelten, am Ende zu *Abfall* werden[116]. Mit anderen Worten: Ich wollte die kulturelle Biographie[117] von Lebensmitteln erforschen. Mein Ansatz dabei war, „dem Gegenstand zu folgen"[118], und so konzentrierte ich mich auf die Art und Weise, wie Haushalte ihren Speiseplan gestalten und Nahrung einkaufen, wie diese Nahrung dort zubereitet und konsumiert wird, wie sie gelagert wird und wie die Haushalte am Ende all das loswerden, was sie nicht verwenden. Dabei beobachtete ich (buchstäblich) die Bewegung von Lebensmitteln: vom Supermarkt nach Hause, in den Topf, zurück in den Kühlschrank und schließlich in den Abfalleimer. Ein Schwerpunkt lag hier darauf, wie die Nahrung von einer in die andere Kategorie wechselt und damit auch jeweils unterschiedlich bewertet wird: Rohstoff – zubereitete Mahlzeit – Essensreste – „nicht mehr so richtig gut" – Abfall.

Also eignete ich mir eine Reihe qualitativer Techniken an, um dahinterzukommen, welche Dynamik und welche Prozesse im Haushalt die Reise der Lebensmittel begleiten. Welche Techniken genau und in welcher Kombination sie jeweils zur Anwendung kamen, hing davon ab, inwieweit sich die teilnehmenden Haushalte auf diese Techniken einlassen wollten oder konnten. Ich führte mit den Befragten in ihrem Zuhause wiederholt ausführliche Interviews, in denen wir darüber sprachen, auf welche verschiedene Weise sie Mahlzeiten planen, Nahrung einkaufen, zubereiten, essen, aufbewahren und wieder beseitigen. Dabei bediente ich mich natürlich auch ganz klassischer Vorgehensweisen aus der Ethnographie: Ich verbrachte viel Zeit bei den Befragten zuhause und in den Stadtteilen, in denen ich meine Studie durchführte. Dies bedeutete für mich auch, mit meinen Befragten „mitzugehen"[119] und an ihrem Alltag teilzuhaben. So konnte ich aus erster Hand beobachten, wie sie Dinge erledigten, die sie auch getan hätten, wäre ich nicht dabei gewesen. Ich konnte sie zugleich aber jeweils *in situ* dazu befragen. Zunächst bedeutete das lediglich, dass ich meine Studienteilnehmer in den Supermarkt begleitete, wo sie ihre Einkäufe erledigten, und dann mit ihnen nach Hause ging, wo sie die Einkäufe verstauten, eine Mahlzeit zubereiteten und mich hin und wieder einluden, mit ihnen zu essen. Im Laufe der Studie schlugen dann mehrere Befragte vor, ich solle sie dabei beobachten, wie sie in ihren Schränken, im Kühlschrank oder in der Gefriertruhe „aufräumten". Immer öfter gelang es mir, die Teilnehmer über das Herumstöbern in Vorratsschränken und Kühlgeräten zum Reden zu bringen. Und indem ich mit den Befragten darüber sprach, *was* sich *wie lange* in ihrem Kühlschrank befand und *was* damit geschah, zeichnete sich langsam ein Bild davon ab, wie das Leben und Sterben von Lebensmitteln verläuft.

Schließlich möchte ich noch ein paar Worte sagen über die praktische Durchführung meiner ethnographischen Studie und über die Menschen, deren Leben den Rest dieser Seiten füllen wird. Meine Feldforschung dauerte acht Monate (vom November 2009 bis Juli 2010), und in dieser Zeit hatte ich engen Kontakt zu den Bewohnern zweier ganz „gewöhnlicher" Straßen im Süden von Manchester.[120] Mit der Verwendung des Begriffs „gewöhnlich" will ich signalisieren, dass ich der Strategie Daniel Millers gefolgt bin: Ich habe mich zunächst auf eine bestimmte Straße konzentriert, die mir als geographische Basis für die Durchführung meiner ethnographischen Studie diente, und meine Untersuchung von dort aus „spiralförmig"[121] ausgeweitet.[122]

Dass ich mich für die Rosewall Street und die Leopold Lane[123] entschied, hatte eigentlich keinen besonderen Grund. Ich wollte einfach nur das Alltagsleben der Menschen beobachten, ohne auf irgendwelche konventionellen Kategorien der soziologischen Analyse zurückzugreifen[124]. Mein einziges Kriterium war, dass sich die Straßen jeweils in einem Gebiet befinden sollten, das (zumindest nach meinen Ortskenntnissen) ein gewisses Maß an Heterogenität aufwies. Zudem sollten die Straßen so groß sein, dass sie diese Heterogenität auch widerspiegelten. Sowohl die Rosewall Street als auch die Leopold Lane befinden sich in einer relativ „normalen" Gegend. Wir reden also nicht von einem wohlhabenden Vorort oder gentrifizierten Stadtbezirk, aber auch nicht von einem „Problemviertel" mit einem hohen Grad an sozialer Benachteiligung. Die beiden Straßen sind vielmehr, soziologisch wie auch räumlich, zwischen diesen beiden Polen angesiedelt.

Insgesamt nahmen 19 Haushalte an der Studie teil (elf in der Rosewall Street, acht in der Leopold Lane) und sie blieben auch für die gesamte Dauer der Studie dabei.[125] Die Teilnehmer bildeten natürlich keine repräsentative Stichprobe der Bevölkerung, doch immerhin sorgte die Auswahl der Straßen für eine gewisse Variation in puncto Einkommen, Alter, Siedlungsstruktur, Wohneigentum und personeller Zusammensetzung der Haushalte. Ich möchte hier gleich klarstellen, dass dieses Buch nichts über die Verschwendung von Lebensmitteln in verschiedenen Arten von Haushalten aussagt und auch keine Theorien aufstellt bzw. Erklärungen sucht, was die Gesellschaftsschicht, die Ethnizität, den Lebensentwurf und den Wohnort der Teilnehmer betrifft oder irgendeine andere Kategorie, mit der man gerne Menschen in Schubladen steckt. Darin sehe ich auch überhaupt kein Problem, denn schließlich ist der Zweck dieses Buches, die Prozesse und Praktiken zu erkunden, durch die *Nahrung* zu *Abfall* wird, um den vorgefertigten Meinungen und falschen Rückschlüssen, die die gesellschaftliche und politische Debatte über die Verschwendung von Lebensmitteln bestimmen, etwas entgegenzusetzen (in Kapitel 8 komme ich noch einmal auf diesen Punkt zurück). Bevor wir aber damit beginnen können, möchte ich noch ein paar kurze Bemerkungen über die Darstellung der erwähnten Prozesse und Praktiken machen.

Wie stellt man dar, wie Nahrung zu Abfall wird?

Bei ihrer Analyse, wie sich Haushalte nicht mehr benötigter Konsumobjekte entledigen, verwendeten Nicky Gregson[126] und ihre Kollegen[127] eine repräsentative Taktik, die „vom wachsenden normativen Vertrauen abweicht, das man in Berichten über qualitative Forschungsfragen im Bereich der Forschung zur menschlichen Geographie in die Verwendung direkter Zitate setzt"[128]. In meinem eigenen Fach, der Soziologie, ist das ähnlich, und bei der nun folgenden Analyse möchte ich mich[129] davon wegbewegen. Stattdessen werde ich bei jedem empirischen Beispiel zunächst den jeweiligen Kontext vorstellen und alles Folgende im Präsens erzählen. Das vermittelt einen besseren Eindruck von den alltäglichen Aktivitäten der Menschen, um die es geht. Davon weiche ich nur ab, wenn ich etwas wiedergebe, das die Befragten im Nachhinein erzählt haben; dann bleibe ich in der Vergangenheitsform. Die Daten, die diesen Berichten zugrunde liegen, haben die Form von herkömmlichen Feldnotizen, Tagebuch-Aufzeichnungen und Interview-Transkripten[130]. Indem ich all dies in einer kohärenten Erzählung zusammenführe, kann ich besser vermitteln, wie ganz alltägliche Verhaltensmuster dazu beitragen, dass aus Lebensmitteln Abfall wird. Die Geschichten, mit denen ich das Ganze illustriere, habe ich ausgewählt, weil sie einige der wichtigsten Punkte besonders gut veranschaulichen, die sich aus meiner Analyse dieser (aus allen Haushalten stammenden) Daten ableiten lassen. Die Kapitel entfalten sich in linearer Abfolge. Folglich beginnen sie mit den *Lebensmitteln* und erklären nach und nach, wie daraus *Abfall* wird. Dennoch ist es mitnichten so, dass Lebensmittel im Haushalt immer einem klaren linearen Pfad folgen, an dessen Ende sie im Müll landen. Die Analyse wird dies an mehreren Stellen deutlich machen.

Dennoch eignet sich eine lineare Erzählweise besonders gut, darzustellen, *wie* und *warum* Lebensmittel im Müll landen – vor allem bei einem Medium wie dem Buch. Überdies verläuft die Reise der meisten Lebensmittel in den Müll tatsächlich mehr oder weniger linear; insofern ist es auch nicht ganz abwegig, wenn ich meine Argumente ebenfalls auf diese Weise vorbringe.

3
Der Konsum von Lebensmitteln im Haushalt

Die Teilnehmer meiner Studie kaufen ganz routinemäßig mehr Nahrung ein, als sie benötigen. Das allein ist nicht weiter verwunderlich. Aber so simpel diese Beobachtung auch scheint, sie ist für die theoretische Betrachtung der Verschwendung von Lebensmitteln im Haushalt von enormer Bedeutung. Um zu verstehen, wieso Lebensmittel weggeworfen werden, müssen wir zunächst herausfinden, warum die Menge der gekauften Nahrung immer wieder und ganz konsequent die wahrgenommenen und unmittelbaren Bedürfnisse der Menschen übersteigt. Ich möchte dies unter der Fragestellung subsumieren, welche Prozesse dafür sorgen, dass aus Lebensmitteln *Überschuss* wird, und in diesem Kapitel werde ich damit beginnen (Kapitel 4 rundet das Bild ab).

Mein Ausgangspunkt ist, dass das Konzept der „Nahrungsauswahl" nicht zufriedenstellend erklärt, warum Haushalte immer wieder vor dem Problem stehen, dass sie überschüssige Lebensmittel im Haus haben. Es ist wenig sinnvoll anzunehmen, dass die Menschen ganz *bewusst* die Entscheidung treffen, zu viele Lebensmittel einzukaufen, und bereits beim Einkauf wissen, dass sie am Ende einen Teil davon wegwerfen werden. Die diversen Modelle dafür, wie der einzelne Verbraucher beim Kauf seine Wahl trifft, werden innerhalb der Sozialwissenschaften seit Langem kritisiert. Shelley Koch weist darauf hin, dass der Akt des Einkaufens von Lebensmitteln „an der Schnittstelle von individueller Wahl, kultureller Reproduktion und größerer politischer Ökonomie" zu verorten ist[131]. Tatsächlich wissen wir längst, dass bestehende Muster beim Lebensmittelkauf nur eine Erweiterung der im Haushalt herrschenden Dynamik und familiären Beziehungen sind[132]. Auch darf man eine „Auswahl von Lebensmitteln", die man beobachtet, nicht von „sozialen Einflüssen"[133] wie Einkommen, ethnischer Herkunft und Bildung trennen. Ganz allgemein findet man in unterschiedlichen Personengruppen und gesellschaftlichen Schichten auch ganz unterschiedliche Geschmäcker[134]. Und wie die sozioökonomische Strukturierung zeigt, gibt es (je nach Schicht, Ethnizität und Standort) Unterschiede im Zugang zu Lebensmitteln – und folgerichtig auch darin, wer überhaupt in der Lage ist, „richtige" und „verantwortungsbewusste" Entscheidungen zu treffen[135]. Von diesen sozialen und kulturellen Faktoren abgesehen, haben manche Forscher auch auf die vertikale Struktur des Lebensmittelkonsums hingewiesen[136] und auf die Integration der Produktion und des Konsums von Lebensmitteln in größere Versorgungssysteme[137]. In diesem Kapitel will ich mich von diesen Fragen des sozialen, kulturellen, wirtschaftlichen und politischen Kontexts von Lebensmitteleinkäufen anregen lassen, um ein paar Gründe dafür zu finden, warum Haushalte mehr Nahrung einkaufen, als sie verbrauchen.

„Richtig" essen

In der Kulturlandschaft von heute ist es ein ungeschriebenes Gesetz, dass man doch bitteschön „richtig" kochen und essen soll. Es würde den Rahmen dieses Buches sprengen, zu untersuchen, woher das kommt, doch die sogenannten „Lebensmittel-Experten" – seien es Politiker, Ökonomen, Ernährungswissenschaftler, Starköche, Aktivisten oder Vertreter der Agrarindustrie – scheinen eine wichtige Rolle dabei zu spielen, was jeweils gerade als „richtiges" Essen zu gelten hat bzw. welcher Definition man sich anschließen soll. In unseren untersuchten Haushalten in der Rosewall Street und der Leopold Lane gibt es einen breiten Konsens, was „richtiges" Essen ist, und die dort geltenden Definitionen stimmen mehr oder weniger mit denen überein, die wir in der Forschungsliteratur finden[138]. Hier eine kurze Zusammenfassung:

(1) Mahlzeiten sind „richtiges" Essen, Snacks hingegen nicht. Damit eine Mahlzeit als solche gilt, muss sie zuhause zubereitet (vorzugsweise gekocht oder gebraten) werden[139].

(2) Eine Mahlzeit sollte gesunde Zutaten enthalten und so einen Gegensatz zum ungesunden „Junk-Food" bilden. Im Idealfall sollten diese Zutaten frisch sein – gerade im Falle von Lebensmitteln, die per se als „gesund" gelten (wie Obst und Gemüse), sind die „frischen" Varianten jenen in der Dose oder aus dem Tiefkühlfach vorzuziehen[140].

(3) Eine Mahlzeit sollte komplett hausgemacht sein. Nach dieser Logik ist es auch nicht zulässig, in der Küche zu „mogeln", indem man beispielsweise eine Instant-Soße aus der Tüte benutzt.

(4) „Richtig" essen bedeutet, Vielfalt innerhalb einer Mahlzeit (z. B. sollte jede Mahlzeit verschiedene Aromen, Texturen und Farben enthalten) und von einer zur nächsten Mahlzeit anzustreben. (Man sollte also im Laufe des Tages unterschiedliche Dinge essen und die Mahlzeiten sollten von Tag zu Tag variieren.) Außerdem sollte man mit neuen Lebensmitteln „experimentieren" und auch internationale Rezepte ausprobieren.

Natürlich sind diese Erwartungen daran, was „richtiges" Essen sein soll und was „gute" und „schlechte" Lebensmittel sind, komplett idealisiert. Mit dem Alltag der meisten Menschen hat das nicht allzu viel zu tun. Dennoch halten sich diese Vorstellungen ziemlich hartnäckig und führen zu einer ganz bestimmten Erwartungshaltung, von der wir feststellen können, dass sie zumindest mitverantwortlich ist dafür, *wie* bzw. *was* die Leute einkaufen.

„Richtig" kochen und essen – das ist Sarah äußerst wichtig. Sie wohnt in der Rosewall Street, ist Anfang dreißig, verheiratet und hat zwei Kinder. Als die Studie bereits ein paar Monate läuft, besuche ich Sarah zuhause und helfe ihr nach dem Abendessen mit dem Abwasch. Hinterher sitzen wir bei einer Tasse Tee in ihrem Wohnzimmer und unterhalten uns. Die Fernsehsendung „Das perfekte Dinner"[141] läuft im Hintergrund, und gerade kritisiert eine Kandidatin eine andere, weil sie für ihren Nachtisch Puddingpulver aus der Tüte verwendet hat, anstatt den Vanillepudding selbst zu machen. Sarah findet, dafür sollten der Kandidatin Punkte abgezogen werden: „Die hat doch ganz eindeutig gemogelt."

Ich sage ihr, dass ich überhaupt nicht wüsste, wie ich es anstellen sollte, Pudding zu kochen, ohne dabei Puddingpulver benutzen zu dürfen.

Sie weist mich darauf hin, dass sie versucht, möglichst nichts „Süßes" zu essen, und auch nicht möchte, dass ihre Familie das tut. Daher serviere sie also ohnehin keinen Vanillepudding. Aber wenn sie es doch einmal tun müsste, dann würde sie sich auch die Mühe machen, „richtigen" Vanillepudding zu kochen. Sie räumt ein, dass die meisten Menschen wahrscheinlich Puddingpulver nehmen. Wenn man aber schon Leute zum Essen einlade, erklärt mir Sarah, dann müsse man zumindest versuchen, alles „richtig" zu machen.

Sarah geht es aber nicht nur um besondere Anlässe. „Richtig" zu essen ist für sie ein Gebot, das sie täglich und überall begleitet, wenn sie Lebensmittel einkauft und zubereitet. Zum Zeitpunkt der Studie ist Sarah gerade erst in ihren alten Job zurück-gekehrt, nachdem ihr jüngstes Kind in die Schule gekommen ist. Sie verbringt also nicht mehr so viel Zeit daheim wie früher, und wie sie mir erzählt, findet sie es gar nicht so einfach, nach wie vor dafür zu sorgen, dass sie und ihre Familie „richtig" essen. Daher hat sie sich eine neue Strategie ausgedacht: Am Sonntag kocht sie für die kommende Woche mehrere Mahlzeiten vor. Ich verbringe einmal einen ganzen Sonntag mit ihr, während sie das Essen vorkocht, und im Laufe des Tages wird deutlich, dass sie sich ziemlich genau an die vier Punkte hält, die ich weiter oben ausgeführt habe. Schon am Vormittag erzählt sie mir, wie gut die ganzen frischen und gesunden Zutaten in ihrem Kühlschrank aussehen (Paprika, mageres Rinderhack, Strauch-tomaten und eine Knolle Bio-Knoblauch). Mit diesen Zutaten bereitet sie später eine Lasagne zu. Dafür braucht sie zwar ein paar Stunden, aber sie sagt, das sei es ihr wert. Die Lasagne könne sie später dann nämlich ganz einfach wieder aufwärmen. Ein paar frische Salatblätter aus dem Kühlschrank dazu – und fertig sei eine „richtige Mahlzeit", die sie mit minimalem Auf-wand auf den Tisch bringen könne. An einem normalen Wo-chentag habe sie sonst einfach keine Zeit, ein aufwendiges Essen zu kochen. Während die Lasagne im Ofen ist, beginnt Sarah, einen marokkanischen Hähnchenauflauf zuzubereiten. (Sie ver-wendet Paprika und Knoblauch, die sie bereits zerkleinert hat, als sie die Lasagne vorbereitet hat, sowie Zitrone, Oliven, Safran und andere Gewürze.) Dabei erklärt sie, es sei wichtig, im Laufe der Woche viele verschiedene Gerichte zu essen, und es sei wich-tig, auch etwas Gesünderes auf dem Speiseplan zu haben als Lasagne. Sie ist außerdem der Meinung, dass es gut für ihre Kinder ist, frühzeitig Aromen und Geschmacksrichtungen aus unterschiedlichen Kulturen kennenzulernen.

Als Sarah mit dem Kochen und Backen fertig ist und die Küche aufgeräumt hat, ist bereits ein großer Teil ihres Tages vorbei, und sie ist – verständlicherweise – ziemlich müde. Schon daran, dass sie so fast jeden Sonntag verbringt, kann man ermessen, wie wichtig es ihr ist, dass sie und ihre Familie „richtig" essen.

Es ist schon recht aufschlussreich, dass die Mahlzeiten, die Sarah am Sonntag vorkocht, kaum einmal ausreichen, damit ihre Familie bis zum folgenden Sonntag satt wird. Sarah weiß das, und es ärgert sie, aber sie hat immer ein paar „schnelle Lösungen" parat, um hier Abhilfe zu schaffen. Dazu nimmt sie „gute Zutaten" und mischt sie mit einigen „praktischen Mogeleien"[142]. So brät sie frisches Gemüse im Wok zusammen mit Soße aus dem Glas. Aber selbst mit diesen Tricks kann sie nicht verhindern, dass ihre Familie etwa einmal die Woche dann doch wieder das isst, was sie selbst als „Mist" bezeichnet (zum Beispiel panierte Hähnchenteile, TK-Kartoffeln und TK-Erbsen). Sarah meint, wenn sie innerhalb einer Woche mit ihren richtigen Mahlzeiten und schnellen Lösungen sechs Tage abdeckt, ist „ein Abend, an dem die Familie Junk-Food isst, nicht *ganz so schlimm*". Das deutet darauf hin, dass in puncto Bereitstellung von Lebensmitteln zwischen dem Ideal des „richtigen" Essens und den tatsächlichen Verhältnissen eine gewisse Kluft besteht – selbst bei jemandem wie Sarah, die sich sehr darum bemüht, beides zusammenzubringen. Insofern wird es niemanden wundern, dass ich im Laufe der Studie Haushalte kennengelernt habe, deren Ernährung nur wenig mit dem vorherrschenden Dogma des „richtigen" Essens zu tun hatte. Aber selbst dort schimmerten die gleichen Erwartungen durch.

Zum Beispiel Ceri. Sie ist Anfang zwanzig, alleinerziehende Mutter von drei Kindern und wohnt in einer Sozialwohnung in der Rosewall Street. Ich begleite sie in den Supermarkt, wo wir viel mehr Zeit in den Gängen mit Tiefkühlkost verbringen, als das zum Beispiel der Fall war beim Einkauf mit Sarah. Ceri legt TK-Pizza, paniertes Fleisch, Fischstäbchen sowie tiefgekühlte

Pommes Frites und Erbsen in ihren Einkaufswagen. Sie erzählt mir, dass sich ihr Wagen immer bei den Tiefkühlregalen füllt, und macht einen Witz darüber, wie wenig Zeit sie in der Obst- und Gemüseabteilung verbringt. Sie gesteht, dass sie sich „wie eine Versagerin" vorkommt, weil sie „alles falsch macht" und „nicht die Erwartungen" erfüllt, die ihr all die Fernsehsendungen, die etwas mit Ernährung zu tun haben, vermitteln[143]. Hier im Supermarkt und auch später bei ihr zuhause sucht sie nach Erklärungen und sagt, ihr Leben entspreche einfach nicht diesem Ideal und das liege an einer ganzen Reihe von Faktoren – an ihren wirtschaftlichen Verhältnissen, an ihrem Grundgefühl, Menschen „wie sie" seien „eben nicht so darauf gepolt" (gemeint ist: Feinschmecker zu sein), und daran, dass ihre Kinder gar nichts anderes essen wollen als „Kuchen, Chips und Pizza". Auch wenn es Ceri nicht gelingt, ihrer Familie so Nahrung bereitzustellen, dass es dem vorherrschenden Verständnis von „richtigem" Kochen und Essen entspricht, zeigt allein schon die Tatsache, dass sie sich in Bezug auf diese Normen definiert – und dass es ihr zu schaffen macht, ihnen nicht zu entsprechen –, wie verbreitet diese sind.

Dass das Dogma, unbedingt „richtig" kochen und essen zu müssen, dafür sorgt, dass wir in unseren Haushalten überschüssige Lebensmittel horten, zeigt auch das Beispiel von Phil und Heather. Das Paar ist verheiratet, Ende dreißig und wohnt mit seinen zwei kleinen Kindern in der Leopold Lane. Meistens kümmert sich Heather um die Lebensmitteleinkäufe, doch als ich sie einmal beim Einkaufen begleite, wird schnell klar, dass dieser Vorgang für sie mit einigen Spannungen verbunden ist. Während wir durch den Supermarkt gehen, kommentiert Heather die Artikel, die sie in den Einkaufswagen legt, und dabei wird deutlich, wie wichtig es ihr ist, dass Phil und die Kinder „richtig" essen. Für Heather bedeutet das in erster Linie, frische und gesunde Lebensmittel zu verwenden sowie mit einer Vielzahl verschiedener Zutaten und internationaler Rezepte zu experimentieren. Ihre Familie weiß ihre diesbezüglichen Anstrengungen jedoch nicht immer zu schätzen. Sie sagt, ihre Kinder seien „ziemlich pingelig", was Essen angehe, und Phil bevorzuge eher traditionelle Kost („Fleisch, Gemüse, Kartoffeln"). Obendrein mache es den Kindern nichts aus, eine Mahlzeit auszulassen, wenn die Alternative ist, etwas zu essen, das sie nicht mögen; Phil esse mitunter auswärts, wenn er das, was Heather zubereitet, nicht essen möchte. Trotzdem findet Heather es wichtig, dass sie „als Familie"[144] gemeinsam essen. Ihre Lösung: Sie kauft weiterhin die Lebensmittel, die sie ihrer Familie servieren möchte, aber zusätzlich noch einige „todsichere" Artikel, die alle mögen, um notfalls ein paar alternative Mahlzeiten zubereiten zu können, für den Fall, dass Phil oder die Kinder sich wieder einmal weigern, „ihr" Essen zu essen.

Im Laufe der Studie führt dies im Haushalt von Heather zu einem Überschuss an Lebensmitteln: in Form von Essen, das bereits zubereitet, aber nicht gegessen worden ist, und in Form von Zutaten, bei denen Phil bereits signalisiert, dass er sie nicht essen wird, noch bevor sie das Schneidbrett erreichen. Ein Großteil dieser überschüssigen Lebensmittel wird schließlich weggeworfen, aber daraus kann man nicht ableiten, dass Heather und Phil gedankenlos handeln. Sie machen sich beide Vorwürfe, dass sie Nahrung wegwerfen, doch der Überschuss ist im Endeffekt ein „Abfallprodukt" der Tatsache, dass Heather bestimmte Personen (ihre Familie) und bestimmte Themen („richtig" essen, zusammen essen) am Herzen liegen – und der Art und Weise, wie sie versucht, das alles unter einen Hut zu bekommen. An dieser Stelle sei noch einmal darauf hingewiesen, dass das Einkaufen von Lebensmitteln und das Anlegen von Vorräten im Haushalt als Mechanismus verstanden wird, durch den diejenigen, die dafür verantwortlich sind (in der

Regel sind das die Mütter), zum Aufbau und zur Pflege von Beziehungen innerhalb der Familie beitragen[145]. Vor allem durch die Bereitstellung von „richtigem Essen" zeigt man – so die allgemeine Überzeugung –, dass einem die anderen am Herzen liegen[146]. Und selbst diejenigen, die nicht Teil einer (wie auch immer definierten) Familie sind, verbinden „richtiges" Essen mit einem gesunden Lebensstil[147] und damit, sich selbst etwas Gutes zu tun[148].

Alles Routine

Um ein allgemeineres Verständnis für die Beziehung zwischen „richtigem" Essen und überschüssigen Lebensmitteln zu entwickeln, müssen wir zunächst einmal bedenken, dass der Lebensmitteleinkauf und das Anlegen von Vorräten zu den standardmäßigen Routinen des Alltags gehören. Marjorie DeVault verortet in ihrem einflussreichen Buch *Feeding the Family* die Aufgabe, Lebensmittel einzukaufen, dort, wo Privathaushalt und Marktwirtschaft aufeinandertreffen. Sie zeigt auf, wie sich hier Routinen entwickeln, aufgrund derer die Beziehungen innerhalb der Familie und des häuslichen Lebens so sehr erweitert werden, dass sie (bildlich gesprochen) bis in die Regalflächen des Supermarkts reichen. In den meisten Haushalten, die ich kennenlernen durfte, findet für gewöhnlich in relativ festen Intervallen (diese variieren von Haushalt zu Haushalt, betragen aber in der Regel sieben bis zehn Tage) ein sogenannter „Großeinkauf" statt, in einem großen Supermarkt außerhalb der Stadt[149]. Ich habe mehrere Befragte mehrfach beim Einkaufen begleitet und konnte dabei beobachten, dass sie alle tendenziell einer festgelegten Route durch den Supermarkt folgen und jeweils in etwa das Gleiche kaufen. Diese Routine beim Einkaufen passt jedoch nicht immer zu der unsteten Art und Weise, wie wir heute leben, und diese Diskrepanz kann dazu führen, dass vor allem betont „gesunde" Produkte nach und nach von der Kategorie *Nahrung* in die Kategorie *Überschuss* wechseln.

Dieses Phänomen kann man sehr schön im Haushalt von Kirsty und Tony beobachten. Kirsty und Tony sind ein Ehepaar, beide sind Mitte dreißig, und sie haben zwei Kinder. Sie wohnen seit rund fünf Jahren in der Rosewall Street und sagen von sich selbst (nicht ohne Stolz), dass sie ihr gesamtes bisheriges Leben in Manchester verbracht haben. Kirsty und Tony sind beide der Meinung, es sei wichtig, gesund zu essen, und zu diesem Zweck kaufen sie ganz bewusst „gesunde Sachen", wenn sie in den Supermarkt gehen.

Doch genau wie andere Familien essen sie viele der gesunden Produkte, die sie einkaufen, am Ende dann doch nicht. Bei ihnen betrifft das vor allem das Obst. In gewisser Hinsicht kann man dies ganz einfach als die Diskrepanz zwischen „guten Absichten" und dem wirklichen Leben ansehen. Sie berichten davon, dass sie Äpfel, Pfirsiche, Weintrauben, Bananen und Mandarinen, die sie zu Hause hatten, *nicht* aßen, weil sie als Snack stattdessen zu einem Schokoriegel, einem Stück Kuchen oder generell „etwas Süßem" griffen[150]. Laut Kirstys Definition gibt es immer mal „gesunde Wochen", in denen sie alles Obst aufessen, aber dann auch wieder „schlechte Wochen", in denen sie das eben nicht tun. So oder so werden die gesunden Produkte gekauft, und wann die Familie eine „schlechte Woche" erwischen wird, weiß Kirsty auch nie im Voraus. Außerdem sagt sie, es sei wichtig, generell immer Obst im Haus zu haben, denn wenn nicht immer welches verfügbar wäre, würde ohnehin niemand von ihnen Obst essen.[151] Wenn sie das nicht gegessene Obst wegwirft, bekomme sie zwar Schuldgefühle, wie sie sagt, doch dann lege sie sich eben umso mehr ins Zeug, dass die Woche darauf für ihre Familie wieder eine „gesunde Woche" wird. So führt Kirstys routinemäßiger Obstkauf immer wieder dazu, dass überschüssiges Obst vorhanden ist, aber es fällt ihr nicht leicht, das vorher genau abzuschätzen, und auch wenn sie gerne weniger Müll produzieren würde, lässt sich ihre Routine in diesem Punkt nicht einfach so ändern.

An diesem Punkt können wir noch eine etwas allgemeinere Feststellung vornehmen. Im Prolog haben wir Sadie kennengelernt und wir wurden Zeuge, wie die nicht gegessene Hälfte des Brokkolis in ihrem Kühlschrank irgendwann durch einen ganzen, frischen Brokkoli ersetzt wurde. Dass Lebensmittel gekauft werden, die andere Lebensmittel verdrängen und jene ersetzen, welche bereits im Haushalt vorhanden sind (und somit von vornherein Gefahr laufen, nicht gegessen zu werden), ist in allen Haushalten, die ich mir näher angesehen habe, üblich, und dafür sorgt nicht zuletzt der stark routinierte Charakter des Einkaufens.

Um diesen Punkt zu illustrieren, bleiben wir noch einen Moment bei Kirsty und Tony. Ich begleite Kirsty in den Supermarkt. Es wird ein „Großeinkauf", denn es ist bereits eine Woche her, seit sie zum letzten Mal eingekauft hat. Sie braucht eine Menge Vorräte, die sie stets im Haus haben muss, um sicherzugehen, dass sie ihre Familie die nächsten sieben bis zehn Tage mit Lebensmitteln versorgen kann. Allerdings sind diesmal zuhause noch nicht alle ihre üblichen Vorräte aufgebraucht. Einiges, was man durchaus noch verwenden könnte, befindet sich noch im Kühlschrank – unter anderem eine halbe Tüte Satsumas und ein noch ungeöffnetes Paket grüne Bohnen. Unter normalen Umständen wäre beides zwischen den Einkäufen im Supermarkt bereits gegessen worden, doch irgendetwas ist in der vergangenen Woche dazwischengekommen. Kirsty glaubt, es könne der Elternabend gewesen sein, aber ganz sicher ist sie sich nicht. Wie dem auch sei, wir merken erst, als wir vom Einkaufen zurückkommen, dass sich die Satsumas und die Bohnen noch im Kühlschrank befinden. Dabei hat sie gerade eben im Supermarkt neue Satsumas und neue grüne Bohnen gekauft. Das liegt daran, dass sie dazu neigt, jedes Mal die gleichen Dinge einzukaufen.

Die neuen, frischen Produkte wandern in den Kühlschrank, die von der Vorwoche in den Abfalleimer. Es ist genau wie mit Sadies Brokkoli – Kirsty weiß genau, dass sie die „alten" Satsumas und grünen Bohnen nicht mehr aufbrauchen wird, und sie will vermeiden, dass sie die neuen Produkte am Ende ebenfalls wegwerfen muss, nur weil sie die alten gerettet hat.

Meiner festen Überzeugung nach ist die Tatsache, dass es zu einem Überschuss an Lebensmitteln im Haushalt kommt, vor allem auf die routinemäßige Art und Weise zurückzuführen, wie wir einkaufen, und weniger darauf, wie wir einzelne Lebensmittel bewerten oder wertschätzen[152]. Öffentliche Kampagnen gegen die übermäßige Verschwendung von Lebensmitteln versuchen, in diese routinemäßigen Prozesse einzugreifen, indem sie dazu raten, vor dem Einkaufen nachzusehen, was sich alles noch in der Küche an Lebensmitteln findet. Besser noch sei es, gar keine „Großeinkäufe" mehr zu tätigen, sondern lieber öfter zum örtlichen Lebensmittelhändler zu gehen und dafür jedes Mal weniger zu kaufen. So könne man sich besser am eigenen Bedarf orientieren. Dies sind mit Sicherheit gute Ratschläge, und alle Teilnehmer meiner Studie stimmten mir zu, dass es „sinnvoll wäre", diese Tipps in die Praxis umzusetzen.

Doch nicht jeder hat solche lokalen Geschäfte vor der Tür. Und viele Menschen neigen vor allem dann zum Großeinkauf, wenn sie ständig verschiedene Verpflichtungen (Arbeit, Elternabende, soziale Anlässe) miteinander vereinbaren müssen.

Außerdem kann man nicht leugnen, dass das Aufkommen großer Supermärkte in den Innenstädten allen, die Mühe haben, ihr tägliches Lebens zu organisieren und zu ordnen, ein hohes Maß an Komfort bietet. Ich möchte dabei betonen, dass die Allgegenwart der Supermärkte weniger mit den Präferenzen einzelner Verbraucher zu tun hat, als vielmehr mit der Art und Weise, wie sich die heutigen Lebensstile gemeinsam entwickelt haben. Dies bezieht sich unter anderem auf bestimmte Muster von Planung und Entwicklung im Wohnungsbau, auf Trends auf dem Arbeitsmarkt und die Arbeitsteilung in der Gesellschaft (auch diejenige im Haushalt), auf technologische und infrastrukturelle Innovationen und auf das Zeitempfinden moderner Gesellschaften. Natürlich möchte ich damit überhaupt nicht andeuten, die Supermärkte hätten keine Mitschuld daran, wie viele Lebensmittel in den Haushalten ihrer Kunden verschwendet werden; vielmehr will ich darauf hinweisen, dass man keinen dieser Bereiche ausklammern sollte. Nach dieser Zwischenbemerkung betrachte ich nun die Art und Weise, wie Supermärkte ganz direkt daran beteiligt sind, Bedingungen zu gestalten, die dazu führen, dass Privathaushalte routinemäßig überschüssige Nahrung kaufen.

Die Infrastruktur der Nahrungsmittelversorgung

Wie bereits erwähnt, erledigt die überwiegende Mehrheit der Studienteilnehmer den größten Teil der Einkäufe im Supermarkt. Dass dabei auch überschüssige Lebensmittel gekauft werden, liegt an der Art und Weise, wie Verkaufsmethoden im Einzelhandel die Muster des Konsums im Privathaushalt beeinflussen.[153]

Die allermeisten Haushalte, die ich kennengelernt habe, haben relativ wenig Kontrolle darüber, in welchen Mengen sie ihre Lebensmittel kaufen. Während der Studie kam es immer wieder vor, dass Lebensmittel im Müll landeten, weil die Teilnehmer keine andere Wahl hatten, als eine bestimmte Anzahl oder Menge davon zu kaufen – zum Beispiel drei verschieden-

73

farbige, zusammen eingeschweißte Paprika. Oder es gab Hummus nur in einer 300-Gramm-Schale, obwohl ein paar Kleckse gereicht hätten, und Bohnensprossen nur in einer großen Tüte, dabei stand nur „eine Handvoll" im Rezept. Mehrere Befragte gaben an, sie fänden es geradezu pervers, dass sie Lebensmittel im Supermarkt immer in so großen Mengen bzw. Portionen kaufen müssten und dass sie hin und wieder der Verzweiflung nahe seien und laut aufstöhnten: „Wer soll denn das alles essen?" Bedenken dieser Art sind nicht einfach bloße Rechtfertigungen dafür, dass man wieder einmal Lebensmittel wegwirft; sie sind durchaus ernst zu nehmen und in allen Bereichen der Lebensmittelversorgung (Einkauf, Zubereitung, Essen, Aufbewahrung usw.) empirisch nachweisbar. Für den Moment wollen wir uns hier aber auf das Einkaufen von Lebensmitteln beschränken.

Julia ist eine verheiratete Frau von Anfang dreißig, die mit ihrem Mann und ihren zwei kleinen Kindern in der Rosewall Street lebt. Bereits bei einem unserer ersten Treffen war Julia ganz begeistert von der Aussicht, mir alles darüber erzählen zu können, was sie so in ihrem Kühlschrank hat. Beinahe sofort kommen wir auf einen halben Blumenkohl zu sprechen, der noch von vergangener Woche von einem Blumenkohlgratin übrig ist, und sie gibt bereitwillig zu, dass sie nicht so recht weiß, was sie damit anfangen soll. Das Problem ist nicht, dass sie keine Ideen hat, wozu sie ihn verwenden könnte, oder nicht gut genug kochen kann. Es ist vielmehr so, dass sie und ihre Familie Blumenkohl nur mögen, wenn er „mit ordentlich Käse überbacken" ist, und ihr ist bewusst, dass man davon nicht zu viel essen sollte. Julia sagt, „auch wenn das [mit Käse] echt lecker ist", sei es auch „ganz schön fettig", und sie möchte schließlich, dass ihre Familie „gesund bleibt". Sie erzählt mir, dass es ihr gar nicht gefällt, dass sie so oft Lebensmittel kauft, für die sie später keine Verwendung mehr hat, und dass sie deshalb aktiv versucht, Lebensmittel in Mengen zu kaufen, die besser zu dem passen, was sie später zubereiten möchte. Ich begleite sie in den Supermarkt und kann mich selbst davon überzeugen. Sie nimmt einen ganzen Blumenkohl in die Hand und in Bezug auf meinen Besuch neulich sagt sie, es sei viel besser, wenn sie nur einen halben Blumenkohl kaufen könnte. Allerdings, räumt sie ein, ergebe das wahrscheinlich nicht viel Sinn, denn dies sei ja nun einmal die Größe, in der „die Natur ihn macht". Als Nächstes macht sie sich auf die Suche nach Karotten. Zunächst greift sie nach einer großen Tüte Karotten und sagt, sie wisse jetzt schon, dass sie diese gar nicht alle verwenden wird, bevor sie schlecht werden, und sie entschließt sich, „lose" Karotten zu suchen. Realistisch gesehen brauche sie nur drei oder vier Stück.

Wir durchforsten die Obst- und Gemüseabteilung, finden aber keine losen Karotten. Schließlich fragt Julia einen Angestellten, und der sagt, es gebe keine, sie könne lediglich eine ganze Tüte Karotten kaufen.

Das war bei mehreren Befragten so: Sie hätten Lebensmittel stets gerne in geeigneteren Mengen gekauft, zum Beispiel ein paar einzelne Zitronen statt einem Netz mit sechs Stück, eine kleinere Packung mit Salatblättern oder eine Schachtel mit zwei Bagel statt fünf. In der Mehrzahl der Fälle waren diese Bemühungen nicht von Erfolg gekrönt, und die Kunden hatten keine andere Wahl als zu viel von einem Artikel zu kaufen – oder eben auf ihn zu verzichten.

Das war übrigens bei den meisten Kategorien von Speisen und Getränken der Fall, unter anderem bei Milchprodukten, Trockenware, Konserven, Soßen zum Anrühren, Backwaren und – in geringerem Ausmaß – sogar bei Fleisch. Am stärksten ausgeprägt war es aber bei frischem Obst und Gemüse, und hier springt die Verbindung zwischen Lebensmittelüberschuss und -verschwendung auch deutlich ins Auge. Viele der Befragten geben an, dass sie befürchten, für verderbliche Lebensmittel, die in ihrer Küche übrig bleiben, am Ende gar keine Verwendung mehr zu finden. Diese Befürchtung lässt sich auf zwei Faktoren zurückführen, die sich überschneiden, nämlich die Mengen, in denen Lebensmittel im Supermarkt angeboten werden, und die vorherrschenden Vorstellungen davon, was es bedeutet, „richtig" zu kochen und zu essen.

Und es sind genau diese Vorstellungen von „richtigem" Essen, die Haushalte davon abhalten, weniger Lebensmittel zu verschwenden. Denn dazu müssten sie ihren Umgang mit diesen Lebensmitteln besser an den Mengen ausrichten, die ihnen davon gerade zur Verfügung stehen. Sarah zum Beispiel sagt, sie würde sicherlich weniger Nahrung fortwerfen, wenn sie eine von diesen Müttern wäre, die ständig Tiefkühlkost einkauft und ihrer Familie TK-Pizza, Fischstäbchen o. Ä. vorsetzt. Und das geht ihrer Meinung nach nicht, wenn man möchte, dass sich die Familie gesund ernährt. Was tiefgefrorenes Gemüse betrifft, sagt sie, dies sei zwar „ganz okay", aber kein Ersatz für *frisches* Gemüse. In dieser Hinsicht wolle sie lieber keine Kompromisse eingehen.

Doch zurück zu Julia und ihren Bemühungen, weniger als eine ganze Tüte Karotten zu kaufen. Sie erwägt kurz, eine Packung mit gemischtem, bereits geputztem, frischem Gemüse – Karotten, Blumenkohl, Brokkoli und Erbsen – zu kaufen, aber sie entscheidet sich dagegen. Das hat für Julia weniger mit den relativen Kosten zu tun (sie weiß, dass sie dabei mehr für weniger Inhalt zahlen würde), vielmehr wäre es für sie fast so etwas wie „Betrug" und widerspräche ihrem Konzept vom „richtigen" Kochen. Es eignet sich also nicht zur Aufrechterhaltung der innerfamiliären Beziehungen durch Sorgfalt und Hingabe. Wir können festhalten, dass die Sorge darum, „richtig" zu essen, oft eine große Rolle spielt, wenn jemand mehr einkauft, als er verbrauchen kann. Und das gilt auch und gerade für Menschen, die zuhause für eine ganze Familie kochen.

Tamsin ist Mitte zwanzig und lebt alleine in einer Einzimmerwohnung in der Leopold Lane. Sie sagt von sich selbst, sie sei „absolute Mittelschicht". Ihr Job bringt es mit sich, dass sie ständig auf Geschäftsreisen in andere Städte fährt. Als ich Tamsin zum ersten Mal treffe, erklärt sie, dass sie versucht, „richtig" zu kochen und zu essen – und zwar so oft es geht. Das Problem ist, dass die entsprechenden Rezepte oft „fünf verschiedene Zutaten" beinhalten. Sie kann diese Zutaten aber aufgrund der Verpackung nur in größeren Mengen kaufen. Danach hat sie dann „fünfmal Kram übrig", den sie wahrscheinlich nicht mehr essen wird, weil sie für ihren Job so viel unterwegs ist.

Bei einer späteren Gelegenheit erzählt sie mir, sie habe eine Lösung gefunden: Sie koche jetzt Mahlzeiten vor, die sie dann im Kühlschrank aufbewahrt und später bei Bedarf wieder aufwärmt. Sie verwandelt also „richtiges" Essen in Convenience-Food, und das hilft ihr dabei, den Herausforderungen bei der Planung ihres Tagesablaufs zu begegnen[154]. Allerdings räumt sie ein, dass das nicht so richtig funktioniert, weil sie keine Lust hat, an mehreren Abenden hintereinander die gleiche Mahlzeit zu essen. Genau wie Sarah, die keine Tiefkühlkost kauft, und Julia, die kein vorgeputztes Gemüse verwenden will, ist auch Tamsin kein Einzelfall. Das Problem ist dieses Mal, dass man guten Geschmack mit Vielfalt assoziiert.

Wie dieses Kapitel gezeigt hat, lässt sich nicht aus einem einzelnen Faktor ableiten, warum Haushalte ihre Lebensmittel so einkaufen, dass ein bestimmter Anteil davon zwangsläufig in die Kategorie *Überschuss* rutscht. Ich habe bereits darauf hingewiesen, dass wir die Art und Weise, wie Lebensmittel eingekauft werden, zu verschiedenen Faktoren in Bezug setzen müssen, nämlich den routinemäßigen Abläufen im jeweiligen

Haushalt, den gemeinsamen Vorstellungen von „richtigem" Essen und dem Angebot im Supermarkt. Erst, wenn wir alle diese Faktoren in Betracht ziehen, können wir erklären, *wie* und *warum* Haushalte mehr Lebensmittel kaufen, als für den unmittelbaren Verzehr erforderlich sind. Im folgenden Kapitel werde ich näher untersuchen, welche Rolle die komplexen, einander oft sogar widersprechenden Anforderungen des täglichen Lebens dabei spielen und wie Nahrung im Haushalt schließlich zu *Überschuss* wird.

4
Angst, Routine und Überversorgung

Im vorherigen Kapitel habe ich bei der Auseinandersetzung mit der Frage, *wieso* man überschüssige Lebensmittel kauft, notwendigerweise ein paar Dinge außer Acht gelassen. Sie beziehen sich auf die Frage, was Haushalte tun können, um diesen Vorgang zu verhindern oder zumindest zu verlangsamen. Wenn Sie jetzt denken: „Es kann doch nicht so schwierig sein, einen halben Blumenkohl aufzubrauchen!" oder „So viel Mühe macht es doch nun auch wieder nicht, seine Einkäufe so zu planen, dass man nicht so viel wegwerfen muss!", dann haben Sie natürlich durchaus Recht. In diesem Kapitel werde ich jedoch zeigen, dass die Dinge leider nicht ganz so einfach liegen, wie es hier zunächst den Anschein hat. Ich will darlegen, warum es gerade solche Kampagnen schwer haben, die das Ziel haben, die Vorgänge im Haushalt und das Konsumverhalten so zu verändern, dass weniger Essen im Müll landet. Und ganz allgemein werde ich zeigen, welche sozialen Ängste bei der Versorgung eines Haushalts mit Lebensmitteln und bei den Routinen des täglichen Lebens eine Rolle spielen[155]. Im Anschluss werde ich die in den Kapiteln 3 und 4 dargelegten Gedankengänge zusammenfassen, um anschließend ein Konzept dafür zu entwickeln, wie *Nahrung* zu *Überschuss* wird. Dieses Konzept bildet dann die Grundlage für die Kapitel 5, 6 und 7, in denen es darum gehen wird, wie sich dieser *Überschuss* in *Abfall* verwandelt.

Die Beziehungen innerhalb der Familie

Zunächst einmal sollten wir anerkennen, dass sich bestimmte im Haushalt wahrnehmbare Verhaltensweisen wie die Verschwendung von Nahrung nicht auf die Handlungen einzelner Verbraucher reduzieren lassen. Im vorherigen Kapitel habe ich herausgestellt, welche Rolle die kulturellen Konventionen („richtig" essen) und die kommerzielle Infrastruktur (die Mengen, in denen Supermärkte Lebensmittel zur Verfügung stellen) bei der Strukturierung der haushaltsrelevanten Prozesse spielen. Doch *der* Haushalt an sich ist kein einheitlicher Akteur im System der Lebensmittelversorgung. Stattdessen sollte man ihn primär als Ort ansehen, an dem die unterschiedlichen Beziehungen zwischen den einzelnen Familienmitgliedern ausgehandelt werden. Es ist zum Beispiel längst bekannt, dass diejenigen, die die Verantwortung dafür tragen, ihre Familie mit Lebensmitteln zu versorgen, dazu neigen, ihren eigenen Geschmack und ihre Vorlieben denjenigen der anderen Mitglieder des Haushalts unterzuordnen. Früher hat man dies vor allem bei Frauen beobachtet, die die Wünsche ihres Mannes über die eigenen stellten[156]. In letzter Zeit jedoch richtet man das Augenmerk vor allem auf die Launen und Wünsche der Kinder[157]. Diese Dynamiken haben drastische Auswirkungen darauf, wie wir mit Lebensmitteln umgehen. Zunächst einmal ist da eine Beobachtung, die uns allen ganz vernünftig erscheinen dürfte (die aber dennoch unzutreffend ist): Wir kaufen in erster Linie deshalb zu viel Nahrung, weil wir lieber zu viel als zu wenig davon im Haus haben möchten, vor allem, wenn wir andere damit ernähren. Diese Art der Großzügigkeit zeigt, dass uns unsere Angehörigen am Herzen liegen. Im Gegenzug würden wir doch ziemlich geizig erscheinen, wenn wir ihnen zu wenig Lebensmittel zur Verfügung stellen.

Dieser Umstand lässt uns an das Beispiel von Heather denken. Die Tatsache, dass sie „Reservemahlzeiten" vorbereitet, unterstreicht ihren unermüdlichen Einsatz dafür, dass ihre Familie genug zu essen hat. Und solche „Reservemahlzeiten" sind per definitionem nichts anderes als überschüssige Lebensmittel[158].

Es ist interessant, wie diese Familiendynamik dafür sorgt, dass man Verwendung für überschüssige Lebensmittel findet. Oft nimmt man an (siehe Kapitel 1 und 2), dass die Leute heute schlicht keine Ahnung mehr haben, was sie mit der überschüssigen Nahrung anfangen sollen. Eine abgemilderte Version dieser Auffassung lässt sich auch bei der Kampagne *Love Food Hate Waste* der Initiative WRAP finden. Auf deren Website kann man Lebensmittel eingeben, die man im Haushalt übrig hat (z. B. Krabben, Kirschen, Porree), und dann erhält man Rezepte und Anregungen dafür, was man mit diesen Artikeln alles anfangen kann.[159] Ich will gar nicht behaupten, dass dies kein nützliches Hilfsmittel ist (ich habe es selbst schon benutzt). Doch Initiativen wie diese hier schätzen das Problem völlig falsch ein. Es ist nämlich mitnichten so, dass die meisten Leute in der Küche sitzen und nicht wissen, was sie mit dem Inhalt ihres Kühlschranks anfangen sollen. Bei den meisten meiner Befragten sammeln sich nicht etwa deshalb so viele überschüssige Lebensmittel im Haushalt an, weil ihnen die kulinarischen Fähigkeiten oder Kenntnisse fehlen. Viel wichtiger ist in diesem Zusammenhang der Kontext, in dem die Lebensmittel eingekauft und Vorräte angelegt werden.

Da wäre zum Beispiel Suzanne. Sie ist eine alleinerziehende Mutter von Mitte dreißig und lebt mit ihren zwei Kindern in der Rosewall Street. Sie ist eine äußerst versierte Köchin, kennt sich in Sachen Ernährung bestens aus und ist in der Lage, buchstäblich aus allem, was sie in der Küche findet, eine improvisierte Mahlzeit zuzubereiten. Einmal jedoch – etwa nach der Hälfte der Studiendauer – wühlen wir uns durch ihren Kühlschrank und finden einen Beutel Spinat, von dem drei Viertel verbraucht sind.

An diesem Beutel Spinat entzündet sich eine Diskussion. Suzanne sagt, dass sie den Spinat ganz schnell aufgebraucht hätte, wenn sie alleine leben würde. Sie hätte ihn zum Beispiel zusammen mit einem Omelette zubereitet. Aber sie habe ja ihre Familie, und ihre Kinder seien immer so „mäkelig". Mit einem Spinat-Omelette zum Abendessen könne sie denen nicht kommen. Sie lacht und beeilt sich klarzustellen, dass ihre Kinder nun auch wieder nicht *so* mäkelig seien, dass sie nie etwas probieren würden, was sie nicht kennen, und im Laufe der Studie werde ich Zeuge, wie Suzanne ihnen erfolgreich zwei neue Gerichte präsentiert. Allerdings hätten sie eine klare Vorliebe für „bewährte Rezepte", also etwas, das sie kennen und gerne essen. Am Ende kommt tatsächlich kein Omelette auf den Tisch, und sie verwendet den Rest Spinat auch nicht für irgendetwas anderes. Zum Abendessen gibt es nämlich Penne mit Puttanesca-Soße.[160] Suzanne würde lieber Spaghetti essen, aber dafür sind ihre Kinder noch zu klein, und sie würden dabei ein Riesenchaos anrichten. Für die Puttanesca-Soße nimmt sie weniger Chili, als sie gerne nehmen würde, denn ihre Kinder „mögen noch nichts Scharfes". Suzannes Aktivitäten rund um das Einkaufen und Aufbewahren von Lebensmitteln sind – wie bei vielen meiner Befragten – in einen Kontext eingebettet, in dem es ein relativ festgelegtes kulinarisches Repertoire gibt und bestimmte Mitglieder des Haushalts nur bestimmte Dinge essen.

Suzannes Kinder sind also nicht allzu empfänglich für komplett neue kulinarische Kreationen (und vor allem nicht für „improvisierte" Mahlzeiten). Daher ist es auch nicht allzu verwunderlich, dass sie sich lieber für „bewährte Rezepte" entscheidet, als einfach irgendetwas zu kochen, bei dem sie ihren Rest Spinat aufbrauchen kann. Die Folge davon ist allerdings, dass der Spinat in die Kategorie *Überschuss* wandert und damit automatisch Gefahr läuft, im Müll zu landen.

Ja, mach nur einen Plan ...

Immer wieder wird behauptet: Würden Haushalte ihre Lebensmitteleinkäufe und die daran anschließenden Muster der Nahrungsaufnahme akribischer planen, dann würden sie nicht so
einen großen Teil der eingekauften Lebensmittel wieder wegwerfen. Auf den ersten Blick scheint das durchaus Sinn zu ergeben, aber ich möchte dagegenhalten, dass viele Haushalte bereits viel Zeit und Aufwand in eben diese Planung investieren.
Zudem ist es tatsächlich sehr schwierig, für alle Eventualitäten
gerüstet zu sein, die dafür sorgen, dass bestimmte Lebensmittel
am Ende überschüssig sind. Die meisten Personen, die ich befragt habe – vor allem die Familien – organisieren und planen
in Sachen Lebensmittel bereits eine ganze Menge.[161] Zugege-
ben, nur wenige Menschen planen jede einzelne Mahlzeit für
jeden Tag der Woche im Voraus oder haben detaillierte Speise-
pläne in der Küche hängen. Das bedeutet jedoch nicht, dass
diese Menschen überhaupt nichts planen, und ein echter Vorteil
der ethnographischen Methode ist, dass sie enthüllt, dass viele
Haushalte, was die Versorgung mit Lebensmitteln betrifft,
einen viel subtileren Ansatz verfolgen, bei dem sie vieles als
selbstverständlich erachten.

Wie ich bereits erwähnt habe, neigen Haushalte dazu, ihre
Einkäufe in relativ festgelegten Abständen zu erledigen (in der
Regel alle sieben bis zehn Tage), und sie neigen dazu, dabei
jedes Mal das Gleiche oder doch zumindest ähnliche Dinge
einzukaufen. Auf der anderen Seite dieser Gleichung herrscht
die stillschweigende Erwartung vor, dass bestimmte Dinge zu
irgendeinem Zeitpunkt zwischen den Besuchen im Supermarkt
gegessen werden. Das erinnert an die bereits erwähnte Vorliebe
für bekannte und bewährte Rezepte[162]. Es können nicht nur die
Zutaten der einzelnen Mahlzeiten variieren, sondern es können
auch bestimmte eingekaufte Artikel für unterschiedliche

Zwecke verwendet werden. So kann man Hackfleisch beispielsweise als Basis für Chili con Carne benutzen, in der Woche darauf nimmt man es dann vielleicht für einen Nudelauflauf. Wenn alle anderen Umstände gleich sind, sollte sich hier ein „funktionales Gleichgewicht" ergeben[163], das dafür sorgt, dass ein Haushalt erst dann den nächsten Einkauf tätigt, wenn alles, was beim letzten Mal gekauft wurde, aufgebraucht ist, oder das dafür sorgt, dass alles, was zur Verwendung innerhalb eines vorgegebenen Zeitabschnitts vorgesehen ist, aufgegessen wird, bevor man wieder einkaufen geht. Doch leider sind alle anderen Umstände eben nicht immer gleich, und alle Pläne, die theoretisch wirklich gut funktionieren, werden immer wieder vom wirklichen Leben durchkreuzt. Dieses lässt sich eben meistens nicht so genau planen.

Wie im vorangegangenen Kapitel bereits angedeutet, gibt es ein periodisch schwankendes Missverhältnis zwischen Kauf und Verwendung, welches Lebensmittel, die normalerweise verzehrt würden, in Lebensmittel verwandelt, für die es keine unmittelbare Verwendung gibt. Zu den üblichen Störungen des „Normalbetriebs" im Haushalt im Hinblick auf das Phänomen der überschüssigen Nahrung gehört der Umstand, dass zusätzliche Lebensmittel eingekauft werden, die dann anstelle der Lebensmittel gegessen werden, die bereits vorher erworben wurden. So war es mit Sadie und ihrem Brokkoli am Anfang dieses Buches. Sie ist extrem umsichtig, was die Planung ihrer Mahlzeiten betrifft, und sie organisiert für alle in ihrem Haushalt Zeitpläne, und dennoch gibt es immer wieder Störungen der üblichen Abläufe, die dafür sorgen, dass Nahrung nahtlos in die Kategorie Überschuss wechselt. Als wir an einem Montagnachmittag ihren Kühlschrank durchstöbern, finden wir eine ungeöffnete Packung mit vier Schweinekoteletts, die eigentlich am vorherigen Mittwoch oder Donnerstag hätten gegessen werden sollen. Doch ihr Sohn hatte am Donnerstag einen Judo-

Wettkampf gehabt, und danach waren sie mit der ganzen Familie zu „Pizza Hut" gegangen, um zu feiern. So etwas kommt natürlich nicht jede Woche vor, und Sadie sagt, sie habe es zwar vorher gewusst, aber das sei nun einmal nichts, woran sie „ständig denken" würde, wenn sie einkaufen geht. Soll heißen: Sie stellt sich beim Einkauf nicht darauf ein. Wenn selbst in einem eigentlich gut durchorganisierten Haushalt Störungen der täglichen Routine dazu führen, dass überschüssige Lebensmittel eingekauft werden, dann sollte es einen nicht verwundern, dass das auch anderen (vielleicht weniger organisierten) Menschen passiert. Da reicht es schon, dass man Überstunden machen muss, im Stau steckt oder unerwartet Besuch bekommt.

Besonders deutlich wird dieses Phänomen in jenen Haushalten, die von vornherein ein wenig chaotischer sind als der von Sadie. Erinnern wir uns nur an Tamsins Erfahrungen beim Einkaufen und Aufbewahren von Nahrung. Sie sagte, sie wisse oft in der einen Woche nicht, was in der nächsten passieren werde. Sie erwirbt überschüssige Lebensmittel primär aus einem eher diffusen Gefühl der Ungewissheit heraus.

Als Tamsin außerhalb von Manchester arbeitete, vergaß sie regelmäßig, was sie an Essen im Kühlschrank und in den Schränken hatte. Wenn sie aus dem Zug stieg, so erzählt sie, war sie müde, hatte Hunger und „brauchte dringend etwas zu essen". Also nahm sie entweder etwas aus dem Supermarkt mit, das sich „schnell und einfach" zubereiten ließ (eine Fertigmahlzeit oder einen Beutel Salat), holte sich etwas in einem Imbiss oder verabredete sich mit einer Freundin, um essen zu gehen. Wie im vorangegangenen Kapitel erwähnt, hat Tamsin heute oft viel „Kram übrig". All diese Optionen machen es relativ wahrscheinlich, dass sie zusätzliche Lebensmittel einkauft, obwohl sie eigentlich bereits etwas Essbares im Haus hat. Hier allerdings sehen wir, dass es möglicherweise gar nicht daran liegt, dass Tamsin besonders nachlässig ist. Es sind vielmehr die bereits genannten Anforderungen des hektischen, modernen Lebens, welche sich mit dem Wunsch oder der Forderung danach, „richtig" zu essen, überschneiden. Abgesehen davon, dass viele Menschen gar nicht die Zeit haben, „richtige" Mahlzeiten von Grund auf zuzubereiten, gibt es bei der sogenannten „richtigen" Nahrung oft auch eine zeitliche Vorgabe, also einen Zeitrahmen innerhalb dessen die Mahlzeiten verzehrt werden müssen. Das gilt vor allem für frische Zutaten, die bei Leuten wie Tamsin, die einen vollen Terminplan und unstete Arbeitszeiten haben, oft schlicht verderben, bevor sie im Kochtopf landen. Wenn Tamsin müde und hungrig ist und sich nicht daran erinnern kann, was sie alles in der Küche hat (und das alles ist ja durchaus verständlich), dann landet Nahrung, die sie eingekauft hat, regelmäßig in der Kategorie Überschuss.

Es gibt noch eine geringfügige Variation dieses Phänomens: Dann stören Haushalte nämlich normale Abläufe aktiv und absichtlich, gerade *weil* sie so banal sind. Und auch dabei wird oft Essen gekauft, das bereits eingekaufte und zum Verzehr gedachte Lebensmittel ersetzt und überflüssig macht. Beispielsweise erlebe ich mit Kirsty mehrere Fälle, in denen sie etwas außer Haus isst und damit Mahlzeiten oder Snacks „überspringt", die sie eigentlich aus dem zubereitet hätte, was sie bereits in der Küche hat.

Nach unserem ersten gemeinsamen Besuch im Supermarkt stellt Kirsty mehrere Plastiktüten mit Lebensmitteln in den Kofferraum ihres Autos. Bevor sie den Kofferraumdeckel schließt, kramt sie in den Einkäufen nach einer Packung mit mehreren kleinen Tüten Kartoffelchips. Sie sucht sich ihre Lieblingschips heraus (Salz und Essig) und fragt mich, ob ich mir auch eine Tüte aussuchen möchte. Dann sitzen wir im Auto, essen Chips, und sie erzählt mir, dass das ein kleiner Luxus ist, den sie sich gönnt, wenn sie einkaufen geht. Außerdem, so Kirsty, würde sie sonst Hunger bekommen, und das Tütchen mit den Chips

„reicht bis heute Abend". Das bedeutet, sie isst heute nichts anderes mehr zu Mittag. Auch diese Strategie führt wieder zu Überschuss: Schließlich ist Kirsty, wie wir wissen, eine Hausfrau, die viel Zeit zu Hause verbringt und sich normalerweise zum Mittagessen die Reste vom Vortag aufwärmt.

Einmal, als ich gerade Sadie interviewt habe, gehe ich in einen Imbiss, der in der Nähe der Rosewall Street liegt. Ich möchte einen Happen essen, während ich mir ein paar Gedanken notiere und die Zeit bis zum nächsten Interview totschlage. Ich sitze an einem Tisch, als Kirsty in den Laden kommt und etwas zum Mitnehmen bestellt. Ich begrüße sie, und sie lacht, wirft die Arme hoch und ruft: „Jetzt haben Sie mich erwischt!" Dann erklärt sie mir, dass sie oft an Tagen hierherkommt, an denen sie sonst keinen Grund hätte, das Haus zu verlassen. Wieder verwendet sie den Ausdruck „sich etwas gönnen", aber es geht ihr auch darum, „rauszukommen" und das Gefühl zu haben, dass sie „am Leben teilnimmt". Sie verweist ganz ausdrücklich auf unsere Begegnung im Imbiss in einem späteren Interview, in dem es darum geht, auf welche Weise sie ihre Routine, nämlich mittags die Reste vom Abend zuvor zu essen, gelegentlich durchbricht[164]. Man könnte dagegenhalten, dass Kirsty doch einfach zu Hause bleiben und die Reste essen könne, denn damit verhindere sie, dass diese zu Überschuss werden. Doch abgesehen vom Mangel an Menschlichkeit und Empathie, den diese Haltung zum Ausdruck bringt, geht dieses Argument am eigentlichen Thema vorbei: Der Punkt ist nämlich, dass Kirsty als Hausfrau schon rein strukturell Gefahr läuft, sich zu langweilen und in die soziale Isolation zu geraten[165]. Sie muss gegensteuern und sich von der Arbeit im Haushalt erholen dürfen, auch wenn dabei Essen zu Überschuss und im nächsten Schritt möglicherweise zu Abfall wird. Ich verwahre mich also dagegen, allein Kirsty den Schwarzen Peter zuzuschieben.

Mit all diesen Beispielen möchte ich darauf hinweisen, dass es zwischen dem Muster des Einkaufens und dem Muster der Nahrungsaufnahme eine Art Übereinstimmung gibt: eine Routine, die sich herausbildet, wenn ein Haushalt Strategien entwickelt, um das tägliche Leben zu organisieren und um sich mit den vielen widerstreitenden Interessen auseinanderzusetzen[166]. Für viele Soziologen ist es fast schon selbstverständlich, solche Routinen als eine Form des „praktischen Bewusstseins"[167] anzusehen, und ich bin überzeugt davon, dass diese Muster des Einkaufens so tief verwurzelt sind, dass man sie nicht einfach so ändern und anpassen kann, wenn es sporadisch zu Störungen kommt – ganz gleich, ob diese Störungen vorhersehbar, gänzlich unerwartet oder sogar aktiv herbeigeführt sind. Zusätzlich kann man die beobachtbaren Muster der Nahrungsaufnahme als Ergebnis der mannigfaltigen Anforderungen ansehen, die die Praxis der Bereitstellung und Aufbewahrung von Lebensmitteln im Haushalt mit sich bringt. Dazu gehören die unterschiedlichen Geschmäcker der einzelnen Familienmitglieder, das Haushaltsbudget, die Kalorienaufnahme und die gesellschaftliche Vorgabe, „richtig" zu essen. Um es ganz klar zu sagen: Praktisch allen Haushalten, die ich untersucht habe, war daran gelegen, möglichst kein Essen (und Geld) zu verschwenden. Die Entwicklung von Routinen, mit deren Hilfe die Haushalte den Lebensmitteleinkauf an ihre Ernährungsgewohnheiten anpassen wollen, können als Reflexion darauf interpretiert werden[168]. Erst wenn die Dinge aus dem Ruder laufen (was sie natürlich allzu oft tun, wenn auch auf ganz unterschiedliche und unvorhersehbare Weise), wird aus Essen *Überschuss* und im nächsten Schritt möglicherweise *Abfall*.[169] Wir müssen allerdings auch bedenken, dass die Sorge, Lebensmittel zu verschwenden, meist mit anderen Sorgen in Konflikt gerät. Schließlich muss vor allem die Familie satt werden, und der Haushalt will organisiert sein. Um Fragen wie diese soll es im Folgenden gehen.

Angst, Sparsamkeit, Hygiene

Während der Studie habe ich immer wieder erlebt bzw. wurde mir berichtet, dass die Verschwendung von Lebensmitteln ein Vorgang ist, der bei den Verursachern zu Gefühlen von Beunruhigung oder sogar Angst führt. Bei Interviews, beim Durchsuchen des heimischen Kühlschranks, beim Einkaufen im Supermarkt und bei der Zubereitung von Mahlzeiten haben mir die Teilnehmer oft mitgeteilt, dass es „falsch" ist, Nahrung zu verschwenden, dass sie sich „schuldig" fühlen oder ihnen „ganz furchtbar" zumute ist, wenn sie Lebensmittel in den Müll werfen. Dabei mussten die Teilnehmer ihre Bedenken gar nicht einmal verbal äußern: Sie manifestieren sich ganz deutlich in der Art und Weise, wie sie versuchen, überschüssige Lebensmittel doch noch zu verwenden, möglichst keine Nahrung wegzuwerfen oder den Prozess des Wegwerfens möglichst lange hinauszuzögern. In den Kapiteln 5, 6 und 7 werden wir diese Prozesse noch detailliert untersuchen. Im Moment möchte ich lediglich auf zweierlei hinweisen: (1) Alle untersuchten Haushalte werfen trotz dieser Ängste und Bedenken auch weiterhin Lebensmittel weg, und zwar in einer Menge, wie sie den Schätzungen der britischen Wohltätigkeitsorganisation WRAP entspricht. (2) Von allen Haushalten, die mir gegenüber ihre diesbezüglichen Ängste und Bedenken geäußert haben, hat lediglich ein einziger diese Gefühle mit den negativen Folgen für die Umwelt begründet, welche die Lebensmittelverschwendung bekanntermaßen hat (siehe Kapitel 1). Häufiger wird angeführt, wie pervers es ist, dass wir Essbares in den Müll werfen, während anderswo auf der Erde die Menschen verhungern oder (im Falle tierischer Erzeugnisse) ein Lebewesen dafür sterben musste.

Ganz überwiegend[170] wird die Verschwendung von Lebensmitteln aber einer fehlerhaften Haushaltsführung angelastet[171], bei der Zeit und Geld verschwendet werden. Und natürlich spielt auch die abstraktere und eher allgemeine Überzeugung eine Rolle, dass Essen etwas ist, das man nicht wegwerfen *sollte*[172].

In ihrer Analyse des Umgangs mit Lebensmitteln im Haushalt weisen Matt Watson und Angela Meah[173] darauf hin, dass „in der heimischen Küche eine Vielzahl potenzieller sozialer Ängste mit im Topf landen"[174]. Sie konzentrieren sich auf Lebensmittelsicherheit und -verschwendung und illustrieren zunächst, wie sich diese Ängste in öffentlichen und politischen Diskursen niederschlagen. Anschließend weisen sie darauf hin, dass die Bereitstellung von Lebensmitteln im Haushalt Facetten aufweist, die sich gar nicht miteinander vereinbaren lassen. Durch die empirische Auseinandersetzung mit der Nahrungsaufnahme im Haushalt – ein besonderer Fokus liegt auf der Kennzeichnung von Lebensmitteln mit Haltbarkeitsdaten – demonstrieren sie, dass die Standards der Lebensmittelsicherheit bei ihren Befragten nicht den Standards entsprechen, welche von politischen Richtlinien empfohlen werden.

Als indes noch wichtigeren Punkt sehen Watson und Meah, dass Haushalte, die diese widerstreitenden Bedenken in der Praxis verhandeln, dafür sorgen, dass es immer wieder Momente gibt, in denen Lebensmittel eine „Grenze überschreiten", jenseits derer sie auf einmal Abfall sind. Sie argumentieren also, dass Lebensmittel aufgrund ganz alltäglicher Vorgänge zu Abfall werden, durch die „Konvergenz der vielfältigen Beziehungen"[175] und dadurch, dass die Bedenken darüber, Lebensmittel zu verschwenden, von anderen – völlig legitimen – überlagert werden, nämlich Bedenken hinsichtlich der Lebensmittelsicherheit. Bei meiner eigenen Feldforschung und Analyse bin ich zu ähnlichen Ergebnissen gelangt. Doch ich möchte behaupten, dass Lebensmittel nur selten direkt diese Grenze überschreiten und auf einmal Abfall sind, denn sie durchlaufen erst noch die Kategorie *Überschuss*. Dieser feine Unterschied deutet darauf hin, dass der Vorgang, bei dem soziale Ängste zur Verschwendung von Lebensmitteln führen, etwas anders funktioniert als bislang angenommen. Bevor wir aber dazu kommen, sollten wir uns noch etwas näher damit beschäftigen, wie Bedenken bezüglich der Lebensmittelsicherheit dazu beitragen, dass Lebensmittel zu Überschuss werden.

Wir haben bereits ein paar Beispiele dafür kennengelernt, wie beim Einkaufen neue Lebensmittel erworben werden, die zuhause bereits vorhandene Lebensmittel ersetzen; das macht es besonders einfach *zuzugeben*, dass die älteren Artikel überschüssig sind und nicht mehr gebraucht werden. Doch selbst wenn die älteren Artikel sofort in den Abfalleimer wandern und so ganz offensichtlich die Grenze zum Abfall überschritten haben, ist es durchaus wahrscheinlich, dass die oben beschriebene Trennung zwischen den Mustern des Einkaufens von Lebensmitteln und den täglichen Abläufen zuhause dazu geführt hat, dass sie im Grunde genommen bereits zum Überschuss zählten, *bevor* sie als solche erkannt wurden. Es ist keine allzu außergewöhnliche Erkenntnis, dass der öffentliche Diskurs über Lebensmittelsicherheit dazu beiträgt, dass manche Lebensmittel als Überschuss angesehen werden und so auf die Reise in Richtung Abfalleimer geschickt werden. So legitimiert der Diskurs diesen Vorgang in gewisser Weise auch.

Faye und Chris sind ein Paar Ende zwanzig und sie teilen sich eine Zweizimmer-Altbauwohnung in einem Mietshaus an der Leopold Lane. Nach einem Einkauf, bei dem ich beide begleitet habe, räumen sie im Kühlschrank um, um Platz für die neu erworbenen Lebensmittel zu schaffen.[176] Dabei sortieren Faye und Chris (genau wie einige andere hier bereits vorgestellte Haushalte) bestimmte Artikel aus, die sie gerade in neuer, frischer Form gekauft haben. Diesmal werfen sie eine einsame grüne Paprika, eine halbe Packung Carbonara-Fertigsoße und den Rest von einem Stück Cheddar-Käse fort.

Das scheint zwar beiden zu schaffen zu machen, aber Chris verweist auf den „Zustand" der Produkte, die er aus dem Kühlschrank holt. Er vergleicht sie mit ihren neueren Pendants und meint, sie sollten lieber jetzt die älteren wegwerfen, bevor sie irgendwann später Gefahr laufen, die gerade frisch gekauften Produkte entsorgen zu müssen. An dieser Stelle schaltet sich Faye in das Gespräch ein und weist darauf hin, dass die älteren Produkte, die „schon eine Weile herumfliegen", „ein bisschen eklig aussehen" und „die beste Zeit hinter sich haben", möglicherweise sogar krank machen.

In praktisch allen Haushalten, die ich untersucht habe, gab es solche und ähnliche Bedenken hinsichtlich der Lebensmittelsicherheit[177]. Die Befragten betonten, dass ein Lebensmittel, das abgelaufen ist oder „die beste Zeit hinter sich hat", wahrscheinlich weniger sicher und somit weniger geeignet für den menschlichen Verzehr ist, als es das vorher war. Und sie beharrten besonders dann darauf, wenn sie gerade eine neue und vermeintlich sicherere Alternative gekauft hatten, um ein älteres Produkt zu ersetzen. Es ist genau diese Logik, die dazu führt, dass bestimmte Lebensmittel als Überschuss kategorisiert (oder zumindest erkannt) werden. Natürlich variieren die entsprechenden Kriterien dabei von Haushalt zu Haushalt und von Produkt zu Produkt.

Manche Haushalte orientieren sich zum Beispiel strikt an Haltbarkeitsdaten und Etiketten, andere wiederum vertrauen lieber „ihrer Nase". Einige bewerten Lebensmittel nach ästhetischen Kriterien (verfärbt, ausgetrocknet), andere rechnen nach, wie lange ein Artikel bereits im Kühlschrank, in der Gefriertruhe oder im Küchenschrank herumliegt. Einige Lebensmittel gelten als äußerst risikoreich (Fleisch, Geflügel, Fisch und Milchprodukte), andere weniger (Zwiebeln, Kräuter und Gewürze). Trotz all dieser unterschiedlichen Ansätze gibt es einen Gedanken, der alle Haushalte eint und der bei allen Produkten gleich ist: Das Potenzial von Lebensmitteln, den Konsumenten krank zu machen, beschleunigt – und legitimiert – ihre schlussendliche Einordnung als Überschuss.

Bedenken hinsichtlich der Sicherheit eines Lebensmittels wiegen in der Regel auch schwerer als Bedenken hinsichtlich der Verschwendung von Essbarem. So führt der öffentliche Diskurs zum Thema Gesundheit und Vorsorge (hier im Hinblick darauf, dass man keine „unsicheren" Lebensmittel essen sollte) dazu, dass im Haushalt bestimmte Praktiken eingeführt werden, die den Vorgang, dass aus Lebensmitteln Überschuss wird, erleichtern. Um es ganz klar zu sagen: Mir geht es hier mitnichten darum, die öffentliche Diskussion rund um das Thema Lebensmittelsicherheit und -aufbewahrung zu kritisieren. Ich möchte lediglich illustrieren, wie diese Diskussion mithilft, die Voraussetzungen dafür zu schaffen, dass Lebensmittel in die Kategorie *Überschuss* rutschen.

An dieser Stelle möchte ich kurz näher darauf eingehen, auf welche Weise Haushalte Lebensmittel als „neu" bzw. „alt" definieren. Alles, was neu eingekauft wird, scheint nämlich in eine eigene Kategorie zu fallen, der all das, was sich bereits an Essbarem in der Küche befindet und dazu bestimmt ist, zu Überschuss zu werden, nicht angehört. Darüber hinaus herrscht vielfach der Glaube vor, dass man Elemente dieser zwei unterschiedlichen Kategorien nicht zusammen aufbewahren sollte, damit nicht die älteren Produkte die frischen kontaminieren und dafür sorgen, dass sie schneller verderben.

Aber zurück zu Chris und Faye: Bei unserer oben erwähnten Begegnung erklären sie mir, es komme öfter vor, dass sie neue Carbonara-Soße kaufen, obwohl im Kühlschrank noch ein Rest alter Soße in einer angebrochenen Packung steht. Das liegt ganz einfach daran, dass in einer Packung genug Soße für zwei Portionen Nudeln ist, aber wenn einer der beiden auswärts isst und sich der andere trotzdem Penne Carbonara macht, verwendet er eben nur die halbe Packung. Wenn sie jedoch beide Penne Carbonara essen, erklärte Chris, würde er gar nicht darauf kommen, die restliche alte Soße mit der Hälfte einer neuen Packung zu mischen. Er nimmt einfach die neue (ungeöffnete) Packung, die er dann komplett aufbraucht; die alte Soße zählt somit automatisch zum Überschuss. Faye pflichtet ihm bei und gibt zu bedenken, ein Vermischen der alten mit der neuen Soße berge das Risiko, die ganze Soße nicht mehr essen zu können. Schließlich müsse man „bei Milchprodukten ja besonders vorsichtig" sein, und wenn die alte Soße „kurz vor schlecht" sei, könne es sein, dass sie nach dem Zusammenrühren auch die „total gute" (sprich: neue) Soße wegkippen müsse. An dieser Stelle sinniert Chris, dass sie mit der „verschrumpelten" grünen Paprikaschote offenbar genauso umgehen, obwohl er im Grunde weiß, dass überhaupt nichts dabei wäre, sie kleinzuschneiden und mit einer frischen Paprikaschote zu vermengen. Faye bestätigt, so etwas hätten sie noch nie getan (und würden es wohl auch niemals tun), und Chris resümiert, alte und neue Lebensmittel miteinander zu mischen, sei „irgendwie nicht in Ordnung", so etwas „tut man einfach nicht". Faye pflichtet ihm bei.

Der schädliche Effekt überschüssiger Nahrung scheint sich also nicht nur auf Lebensmittel zu beschränken, die schlecht werden und dann (ganz egal, ob tatsächlich oder nur in der Einbildung der Konsumenten) gesundheitsschädlich sind – er erstreckt sich offenbar auch auf die symbolischen Sphären der Kosmologie des Haushalts. Um diesen Punkt weiter auszuführen, sollten wir noch etwas genauer untersuchen, auf welche Weise Ängste und Sorgen rund um das Thema Lebensmittelverschwendung artikuliert werden und wie die Menschen diese Ängste im praktischen Umgang mit Nahrung im Haushalt erleben.

Kehren wir noch einmal zur Analyse von Watson und Meah zurück. Sie deuteten an, dass die meisten Leute gar nicht deshalb davor zurückschrecken, Essbares wegzuwerfen, weil sie dabei an

die globalen sozialen und ökologischen Folgen denken müssen
– „der innere Widerstand dagegen, Lebensmittel zu entsorgen,
deutet weniger auf weltbürgerliches Engagement hin, sondern
ist vielmehr ein Ausdruck von *Sparsamkeit*"[178]. Im Anschluss an
Miller[179] definieren sie Sparsamkeit als das gleichzeitige Ausgeben und Schonen endlicher Ressourcen (in der Regel Geld),
und zwar auf eine Weise, die eine verantwortungsvolle Haushaltsführung ermöglicht und die als Ausdruck besonderer Um-
sicht und Zuneigung gegenüber anderen Personen im Haushalt
gilt.[180] Ich sehe es genauso wie Watson und Meah. Der Haupt-
grund dafür, dass Menschen ungern Essen wegwerfen, ist Sparsamkeit, und diese hat immer auch mit einem funktionieren-
den Management in der Küche zu tun und mit der Rollenver-
teilung im Haushalt.

Dennoch möchte ich noch etwas ergänzen: Ich bin der Ansicht, dass sich diese Ängste vor allem im routinemäßigen Kauf
überschüssiger Lebensmittel niederschlagen, so dass es im Umkehrschluss ausgerechnet die Befürchtung ist, man könnte Lebensmittel verschwenden, die am Ende – paradoxerweise –
dazu führt, dass Lebensmittel im Müll landen.

Wie bereits erwähnt, macht es allen untersuchten Haushalten ziemlich zu schaffen, dass sie Nahrung wegwerfen, aber
viele der erwähnten Beispiele zeigen, dass es außerdem – und
vielleicht schon vorher – Momente gibt, in denen ihnen bereits
das *Vorhandensein* überschüssiger Lebensmittel in der heimischen Küche zu schaffen macht. Dieser Überschuss ist schließlich eine handfeste Erinnerung daran, dass irgendetwas schief-
gelaufen sein muss. In einem effizient gemanagten Haushalt
darf es so etwas aber nicht geben, oder? Und Verdrängen hilft
dabei leider auch nicht.

An dieser Stelle ist es aufschlussreich, sich die breiteren his-
torischen Prozesse anzuschauen, die zu unseren aktuellen Vorstellungen davon, was eine gute Haushaltsführung ausmacht,

95

geführt haben. Gavin Lucas schreibt, moderne Volkswirtschaften zeichneten sich durch ein moralisches System aus, das auf zwei widerstreitenden Säulen ruht: Sparsamkeit und Hygiene. Die Themen „Abfall" und „Entsorgung", so Lucas, könne man in Bezug auf diese zwei Säulen analysieren und darauf, wie sich die Spannungen zwischen beiden Faktoren in der materiellen Kultur im Haushalt niederschlagen. Die obige Analyse unterstützt diese Vermutung insofern, als dass überschüssige Lebensmittel ganz eindeutig als unhygienisch gelten – immerhin haben sie das Potenzial, andere Nahrungsmittel ungenießbar und Menschen krank zu machen.

Darauf, dass überschüssige Nahrung möglicherweise auch im übertragenen Sinne als „schmutzig" gilt, hat bereits Mary Douglas hingewiesen: Sie ist ein Störfaktor, der anzeigt, dass es jemandem nicht gelingt, seinen Haushalt in Einklang mit den Grundsätzen von Sparsamkeit, Wirtschaftlichkeit und Effizienz zu führen. Dass dieser Störfaktor entfernt bzw. entsorgt wird, kann man somit als Versuch ansehen, die hauswirtschaftliche Ordnung wiederherzustellen, und der Einkauf neuer Lebensmittel ist dann quasi so etwas wie ein Neuanfang.

Das Bestreben der Verbraucher, weniger Lebensmittel zu verschwenden, sorgt mithin nicht nur dafür, dass sie verhindern wollen, dass Lebensmittel „die Grenze überschreiten" und zu Abfall werden[181], sondern es spielt – aufgrund des Faktors Sparsamkeit – auch eine aktive Rolle dabei, dass Nahrung auf eine Reise geschickt wird, die schlussendlich im Abfalleimer endet.

Zusammenfassung

Bevor wir uns im Detail ansehen, was mit den überschüssigen Lebensmitteln im Haushalt geschieht, möchte ich kurz innehalten und noch einmal zusammenfassen, was ich im Laufe der letzten beiden Kapitel über die Art und Weise zusammengetragen habe, wie *Nahrung* zu *Überschuss* wird. Das routinemäßige Einkaufen überschüssiger Nahrung kann nicht einfach auf Fragen der Auswahl von Lebensmitteln oder auf ein verantwortungsloses Verhalten seitens des einzelnen Verbrauchers reduziert werden; eine ganze Reihe von Faktoren spielen hier eine Rolle. Im Zuge dessen habe ich auf diverse kulturelle Konventionen hingewiesen, beispielsweise auf die historische Entwicklung des Einkaufs und der Haushaltsführung, auf gewerbliche Infrastrukturen, auf die Dynamik des Haushalts und die materiellen Eigenschaften der Lebensmittel an sich. Der Konkurrenzdruck, der (auch und gerade in puncto Zeitplanung) auf den einzelnen Haushalten lastet, und der Aufwand, einen Haushalt mit Lebensmitteln zu versorgen: All das bringt es mit sich, dass sich die unterschiedlichen Routinen der Nahrungsbeschaffung nicht einfach so verändern lassen – zumindest nicht nach den Vorstellungen der politischen Entscheidungsträger und Aktivisten, die sich derzeit dafür einsetzen, das Ausmaß der Verschwendung von Lebensmitteln im Haushalt zu reduzieren.

All diese Punkte führen mich zu dem Fazit, dass viele unterschiedliche Prozesse ablaufen, wenn *Nahrung* zu *Überschuss* wird. Es ist mitnichten so, dass die Verbraucher einfach nur zur Überversorgung neigen. Es ist ihnen auch nicht schlichtweg egal, wenn sie mehr einkaufen, als sie verbrauchen. Der Überschuss ist vielmehr etwas Normatives, etwas das einfach „passiert", während im Haushalt ganz andere Dinge vor sich gehen. Auch wenn der Überschuss an Lebensmitteln ernste Konsequenzen hat, sein Ursprung ist eher banal: Er ist ein Nebenprodukt des Alltags. Das sollten wir im Hinterkopf behalten, wenn es nun im Folgenden darum geht, *ob* und *wie* überschüssige Lebensmittel am Ende in die Kategorie *Abfall* wandern.

5
Die Entsorgungs-Lücke: vom Überschuss zum Überfluss?

Die Erkenntnis, auf welche Weise *Nahrung* zu *Überschuss* wird, ist nur eine Seite der Medaille. Es ist eine erste wichtige Station auf dem Weg von der *Nahrung* bis zum *Abfall*. Es steht dennoch mitnichten von vornherein fest, dass überschüssige Lebensmittel auch im Müll landen werden. Wie wir sehen werden, ist dies in den untersuchten Haushalten zwar bei der überwiegenden Mehrheit der überschüssigen Lebensmittel der Fall, doch trotzdem existiert hier – zumindest auf theoretischer Ebene – keine Äquivalenz, soll heißen: Aus Überschuss wird nicht automatisch Abfall. In diesem Kapitel begleiten wir überschüssige Nahrung auf ihrem Weg in eine *Lücke*, und wir lernen einige der konzeptionellen und empirischen Ressourcen kennen, die dazu erforderlich sind, genau zu untersuchen, durch welche Prozesse überschüssige Lebensmittel die Grenze zum Abfall überschreiten. Im Zuge dessen möchte ich mich noch etwas eingehender mit den theoretischen Hintergründen des Vorgangs des Entsorgens und Wegwerfens beschäftigen. Ich will Wege aufzeigen, wie Lebensmittel aus der Kategorie *Überschuss* zurückgewonnen werden können, und ich thematisiere bestimmte Unsicherheiten rund um die weitere Reise derjenigen Produkte, die Kühl- und Küchenschrank verlassen und zunächst in die bereits erwähnte *Lücke* fallen, bevor sie endgültig ausgesondert werden. Damit ist dann der Weg frei für die Kapitel 6 und 7. Dort werde ich darstellen, auf welche

Weise überschüssige Lebensmittel schlussendlich im Abfalleimer landen, nachdem sie diese Station durchlaufen haben.

Der Prozess der Entsorgung

Wenn man ihn ganz weit fasst, bezeichnet der Begriff der Entsorgung das Aussondern überschüssiger Dinge. Zumeist beschwört er jedoch ganz automatisch Assoziationen herauf, die in Richtung *Abfall* tendieren, und diese Assoziationen sind in der Regel negativ konnotiert (siehe Kapitel 1). Wenn man sich aber etwas abseits dieser ziemlich selbstverständlich wirkenden Auslegung umschaut, gibt es einen wichtigen Unterschied zwischen dem Akt des Wegwerfens und dem *Prozess* der Entsorgung[182]. Wenn wir diese beiden Konzepte klar definieren und voneinander abgrenzen, ergeben sich zwei wichtige Erkenntnisse.

Erstens: Die Entsorgung überschüssiger Dinge führt nicht zwangsläufig dazu, dass diese auch weggeworfen werden. Unter Verweis auf ein paar kanonische anthropologische Schriften[183] plädieren Rolland Munro[184] und Kevin Hetherington dafür anzuerkennen, dass Gesellschaften diverse Strategien entwickeln, um überschüssige Dinge wieder in den Wirtschaftskreislauf zu überführen oder zu entsorgen. In diesem Zusammenhang sei an die empirisch untermauerte Analyse von Gregson et al. erinnert, die darlegt, dass nicht mehr benötigte Konsumprodukte oftmals so entsorgt werden, dass sie gerade *nicht* weggeworfen werden müssen (z. B. indem man sie an Wohltätigkeitsläden spendet oder Freunden, Nachbarn oder Verwandten vermacht). Demnach werden nur 29 Prozent dieser Konsumprodukte so entsorgt, dass sie am Ende im Müll landen.

Zweitens: Es geht auch darum, auf welche Weise ein Haushalt die ausrangierten Artikel schlussendlich entsorgt, denn der Prozess der Entsorgung ist recht langwierig[185], da überschüssige Dinge in der Regel nicht sofort in den Abfalleimer geworfen werden. Alle Vorgänge, die man rund um das Phänomen der Lebensmittelverschwendung im Haushalt beobachten kann, muss man also im Rahmen größerer und komplexerer Prozesse sehen. In den Kapiteln 6 und 7 werde ich mich mit der Funktionsweise der unterschiedlichen Möglichkeiten befassen, die im Haushalt aussortierten Lebensmittel endgültig zu entsorgen. In diesem Kapitel geht es zunächst vor allem um die Frage, was mit der Nahrung auf der Station vorher geschieht, nämlich dort, wo sie bereits zum Überschuss gerechnet wird, aber noch nicht auf dem Weg in Richtung Müllkippe ist.

Das Konzept *Überschuss* ist von Natur aus nicht ganz eindeutig definierbar. Einerseits sind überschüssige Dinge von keinem unmittelbaren Nutzen und haben (noch) nicht den Wert, den man beim Zeitpunkt ihres Kaufs erwartet hatte. Auf der anderen Seite sind sie jedoch auch nicht komplett wert- oder nutzlos; unter anderen Umständen hätten sie durchaus das Potenzial, neu bewertet zu werden. Sie sind zwar überschüssig, was den wahrgenommenen und unmittelbaren Bedarf im Haushalt betrifft, aber sie besitzen noch einen gewissen Wert. Sie können also noch nicht per se als Abfall klassifiziert werden. Das ist jetzt vielleicht keine allzu überraschende Erkenntnis, denn schon die klassischen soziologischen Essays von Appadurai und Kopytoff legen dar, dass man ein und demselben Objekt einen unterschiedlichen Wert zumisst, je nachdem, in welcher Phase es sich befindet und wer es gerade wozu benutzt. Folglich ergibt es wenig Sinn, Verbrauchsgüter (und damit auch Lebensmittel) einfach nur in „benutzbar" und „unbenutzbar" bzw. in „wertvoll" und „wertlos" einzuteilen. Die Praxis ist etwas komplizierter. Tatsächlich werden Dinge nämlich nur selten zu dem Zeitpunkt, an dem sie als überschüssig kategorisiert werden, auch direkt wegge-worfen; meist wandern sie erst auf den Dachboden, in den Schuppen, in die Garage, in eine Kiste unterm Bett oder in den Schrank. Diese zwischenzeitliche Aufbewahrung verleiht den überschüssigen Dingen eine Art Schwebezustand: Sie sind zugleich im Haushalt vorhanden und nicht vorhanden. Der Akt der Entsorgung erfolgt somit nach einem zweistufigen Lagerungsprozess[186]. Laut Kevin Hetherington entsteht so eine *Lücke* im Entsorgungsprozess. Während dieser zwischen-zeitlichen *Lücke* kann ein Haushalt vermeiden, Lebensmittel wegzuwerfen, und sich stattdessen mit ihrem Restwert ausei-nandersetzen.

Im Laufe meiner Studie haben viele Lebensmittel diese *Lücke* im Entsorgungsprozess durchlaufen. Das gilt für alle erdenklichen Kategorien, in die man überschüssige Lebens-mittel einteilen kann. Zunächst sind da die Produkte, die nicht gekocht oder anderweitig zubereitet worden sind oder deren Verpackung noch nicht einmal geöffnet wurde. Wir können diese Produkte als ungenutzte (und dennoch über-schüssige) *Zutaten* definieren. In einem Gespräch erklärt Julia mir beispielsweise, dass sie sich sofort gestresst fühlt, wenn sie etwas Essbares in der Küche findet, für das sie keine Verwen-dung hat. Sie vertraut mir an, dass sie eine Strategie entwickelt hat, mithilfe derer sie „vergisst", dass diese überschüssigen Zu-taten da sind – beim Erzählen malt sie Anführungszeichen in die Luft, um mir zu signalisieren, dass sie diese Zutaten wohl eher verdrängt als vergisst –, und zwar so lange, bis sie einen Punkt erreicht haben, an dem sie abgelaufen oder schlecht ge-worden sind und Julia sie dann „ohne allzu schlechtes Gewis-sen" wegwerfen kann. *Wirklich* vergessen kann sie diese über-schüssigen Produkte natürlich nicht. Im Grunde sagt sie sich und mir während der gesamten Studie immer wieder, dass sie schon noch Verwendung für die Produkte finden wird, möglicherweise in ein paar Tagen, wenn sie „einen Eintopf oder sowas" kocht. Daraus wird dann aber schließlich nichts, und am Ende fühlt sie sich „schlecht" und ist „wütend". Sie „ärgert sich" über sich selbst, weil sie diese Zutaten nun doch wegwerfen muss. Man sieht: Ihre Strategie, ihr Gewissen zu beruhigen, ist nicht so effektiv, wie sie sich das vielleicht wünscht.

Essen, das im Haushalt bereits zubereitet oder zumindest (teilweise) gegessen wurde, ergeht es ganz ähnlich, nur dass dieses Mal der Vorgang jener zwischenzeitlichen Aufbewahrung, welche die *Lücke* im Entsorgungsprozess markiert, viel leichter auszumachen ist. Die überschüssigen Lebensmittel befinden sich nicht bereits im Kühlschrank oder Küchenschrank, sondern sie werden dort aktiv und physisch platziert. Dazu werden sie entweder speziell abgedeckt (mit Cellophan- bzw. Alufolie oder einem umgestülpten Teller) oder beispielsweise in Tupperware aufbewahrt.

Ein Beispiel: Tom ist Mitte zwanzig und er lebt allein in einer Altbauwohnung in der Leopold Lane. Der IT-Spezialist macht oft Überstunden und kocht sich nur selten zuhause sein Essen selbst. Stattdessen isst er meist außer Haus oder bei der Arbeit, manchmal nimmt er sich auch von woanders etwas zu essen mit nach Hause. Wir unterhalten uns gerade darüber, was er alles im Kühlschrank hat, da entdeckt er einen Pappbehälter, der zu zwei Dritteln mit Reis gefüllt ist. Er zeigt darauf und sagt, dieser sei „bestimmt nicht mehr gut". Es stellt sich heraus, dass es sich dabei um die Reste eines Gerichts handelt, das er etwa eine Woche zuvor von einem chinesischen Imbiss mitgenommen hat. Der Reis war die Beilage zu einer Portion Schweinefleisch mit schwarzen Bohnen. Das Schweinefleischgericht hat er aufgegessen, aber von dem Reis, der mit dabei war, brauchte er nur eine kleine Menge. Folglich wartete er, bis der restliche Reis abgekühlt war, verschloss die Pappschachtel und stellte sie in den Kühlschrank. Sein Plan war, sich bald wieder etwas vom Chinesen zu holen und den übrig gebliebenen Reis als Beilage zu nehmen. Doch im Laufe unseres Gesprächs teilt er mir mit, er habe wahrscheinlich noch nie Reis gegessen, der vorher im Kühlschrank war, und er sagt – mehr zu sich selbst –, man dürfe ja ohnehin „Reis nicht aufwärmen". Dann wirft er den Behälter in den Abfalleimer.

In beiden Beispielen dient die *Lücke* im Entsorgungsprozess dazu, den Vorgang des Wegwerfens zu verlängern. Das geschieht sowohl räumlich (vom Kühlschrank zum Abfalleimer) als auch zeitlich (von dem Punkt, an dem etwas als Überschuss erkannt wird, bis zu dem Punkt, an dem es fortgeworfen wird).

Bei Toms Beispiel geht es um die Reste einer Mahlzeit, die er aus einem Imbiss nach Hause mitgenommen hat, aber der Prozess lässt sich leicht auf daheim zubereitete Mahlzeiten übertragen. Eine wichtige Unterscheidung müssen wir dabei allerdings treffen zwischen denjenigen Resten, die zubereitet, aber noch nicht serviert wurden bzw. es nicht bis auf den Teller geschafft haben (z. B. die Reste eines Auflaufs oder einer Lasagne aus dem Ofen), und denjenigen Resten, die übrig geblieben sind, nachdem gegessen wurde. Das bezieht sich auf das, was auf dem Teller liegen geblieben ist (z. B. die Milch am Boden einer leergegessenen Schale Cornflakes). Überschüssige Lebensmittel, die noch nicht serviert worden sind, lassen sich problemlos in die oben beschriebene *Lücke* im Entsorgungsprozess einordnen (genau wie der Reis von Chris). Alles, was bereits auf dem Teller lag oder Teil einer verzehrten Mahlzeit war, läuft viel eher Gefahr, direkt im Biomüll zu landen.

An dieser Stelle sollten wir uns einmal genauer ansehen, wieso manche Dinge die Station *Überschuss* (und damit die *Entsorgungs-Lücke*) einfach überspringen. Im Verlauf der Studie sind mir zahlreiche Fälle begegnet in denen potenziell Essbares weggeworfen wurde. Groß nachgedacht wurde darüber nicht. Man denke an den Stiel vom Brokkoli im Prolog dieses Buches. Gleiches gilt für Brotkrusten, Obst- und Gemüse-schalen, abgenagte Hühnerknochen[187] und den Fettrand von Schweinekoteletts: Sie wandern üblicherweise direkt in den Abfalleimer.[188]

Die deutlichste Verbindung zwischen Abfalleimer und po-tenziell Essbarem habe ich bei der *Zubereitung* von Speisen beobachtet. Dies mag wenig überraschend sein, da es beim Zubereiten von Mahlzeiten definitionsgemäß auch darum geht, *Nahrung* von *Nicht-Nahrung* zu trennen. Es wird also niemanden wundern, dass diese zwei Kategorien unterschied-lich gehandhabt werden und am Ende an unterschiedlichen Orten landen. Interessant ist in diesem Zusammenhang, dass aus Sicht der von mir untersuchten Haushalte alles, was als *Nicht-Nahrung* gilt, ganz folgerichtig kaum eine Rolle spielt, wenn es um das Thema „Lebensmittelverschwendung" geht. Dabei ist die Abgrenzung von *Nahrung* und *Nicht-Nahrung* kulturell begründet und hat wenig mit einer medizinischen Definition[189] zu tun, geschweige denn damit, was aus der Per-spektive der Materialströme als verschwendete Nahrung gilt. Wenn ich diese Feststellung treffe, möchte ich damit keines-falls andeuten, dass die Haushalte hier zu wenig informiert sind oder schlicht zur Verschwendung neigen; vielmehr ist die Grenze, welche die Menschen zwischen *Nahrung* und *Nicht-Nahrung* ziehen, in erster Linie eine Frage kultureller Konven-tionen (z. B. neigen Europäer allgemein dazu, den Stiel vom Brokkoli nicht mitzuessen).

Ich werde mich später noch eingehender damit beschäfti-gen, wieso etwas als *Nahrung* oder *Nicht-Nahrung* eingestuft wird, wenn es darum gehen wird, ob die Dinge, die sich in der *Entsorgungs-Lücke* befinden, am Ende zu Abfall werden oder nicht. Zunächst aber möchte ich noch einmal zu meinen empirischen Beispielen zurückkehren und untersuchen, was eigentlich genau passiert, wenn sich diese *Lücke* aufgetan hat, und im Anschluss die Frage stellen: Kann man das, was als Überschuss gilt, aus dieser Kategorie wieder herausholen? Kann es wieder zu *Nahrung* werden? Und wenn ja, wie?

Was in der Lücke passiert

Wie bereits erwähnt, wird der Prozess des Wegwerfens durch die *Lücke* im Entsorgungsprozess sowohl räumlich als auch zeitlich durch bestimmte Faktoren künstlich verlängert. Wie ich in Kapitel 4 beschrieben habe, ist einer dieser Faktoren das negative Gefühl, mit dem das Wegwerfen überschüssiger Lebensmittel behaftet ist. Die Tatsache, dass Haushalte überschüssige Nahrung nicht sofort entsorgen, legt nahe, dass sie sich bestimmte Verfahren angeeignet haben, um die Entsorgung dieser Lebensmittel auf effektive und angemessene Weise zu erledigen. Tatsächlich deutet bereits das bloße Vorhandensein der *Entsorgungs-Lücke* darauf hin, dass sich die Haushalte tatsächlich Sorgen um die Verschwendung von Lebensmitteln machen. Es ist also kein leeres Gerede. Genau hier manifestieren sich nämlich diese Sorgen und werden in empirisch beobachtbare Handlungen übersetzt. Die beschriebene *Lücke* ist jedoch mehr als eine bloße räumliche und zeitliche Erweiterung des Küchenabfalleimers (und dem damit verbundenen Akt des Wegwerfens), sondern ein ziemlich komplexes Terrain. Auf diesem versuchen Haushalte, sich mit dem möglichen Restwert der überschüssigen Nahrung auseinanderzusetzen, und sie hoffen, Unklarheiten auszuräumen bezüglich der Frage, ob man diese Nahrung nun fortwirft oder nicht. Dementsprechend ist es durchaus sinnvoll, sich Gedanken darüber zu machen, was in heimischen Küchen vor sich geht, sobald sich diese *Lücke* in der Entsorgung auftut. Folgen wir dazu doch einfach der überschüssigen Nahrung in die *Lücke* hinein. Das empirische Material illustriert, welche Prozesse im Haushalt in dem Moment ablaufen, in dem sich die Nahrung in dieser *Lücke* befindet.

Natalie ist eine geschiedene Frau von Mitte vierzig. Sie ist Inhaberin eines Friseursalons und wohnt zusammen mit ihren zwei Söhnen (beide um die zwanzig) in einer Doppelhaushälfte in der Rosewall Street. An einem Donnerstag begleite ich Natalie und sehe ihr dabei zu, wie sie aus Hühnchen, Chorizo und Kichererbsen einen Auflauf zubereitet, von dem sie sagt, er sei „ziemlich einfach vorzubereiten", zudem etwas, „das alle mögen", und obendrein eine „gute, nahrhafte Mahlzeit". Der Überschuss, also das, was vom Zubereiten und Essen dieser Mahlzeit übrig geblieben ist, besteht aus etwa einem Drittel des Auflaufs, das gar nicht erst serviert wurde,[190] einer gelben Paprikaschote (aus der Tüte mit den drei verschiedenfarbigen Paprika hat sie nur die rote und die grüne verwendet), einem halben Becher Sahne (die eigentlich nicht im Rezept steht, aber Natalie gibt gerne ein wenig Sahne ins Essen) und einem Teil eines Bundes frischer Petersilie. Zu diesem Überschuss zählt *nicht* die *Nicht-Nahrung*, denn diese hat sie bereits weggeworfen, als sie das Essen zubereitet hat (zum Beispiel die Stiele und Kerne der Paprikaschoten und die weißlichen Membrane aus ihrem Inneren). Und dazu zählen auch nicht diejenigen Zutaten (z. B. anderthalb rote Zwiebeln, die aus einem Dreierpack übrig sind), die sie bereits zur weiteren Verwendung eingeplant hat: „Die kommen am Montag in die Lasagne, montags mache ich *immer* Lasagne."

Die oben aufgeführten Zutaten gelten ab sofort als Überschuss, insofern sie speziell für diesen Auflauf eingekauft wurden. Natalie hat diese Produkte nur in Mengen kaufen können, welche die Mengen überstiegen, die sie eigentlich benötigte (siehe Kapitel 3). Wie dem auch sei: Die Paprika, die

Sahne und die Petersilie wandern, noch während Natalie den Auflauf zubereitet, sofort in den Kühlschrank (genauer: ins Obst- und Gemüsefach, in das untere Fach der Kühlschranktür und auf die Eier). Der Auflauf bleibt auf dem Herd stehen, falls jemand noch Nachschlag möchte. Nach dem Essen legt Natalie den Deckel auf die Auflaufform, und wir spülen zusammen das Geschirr ab. Sie sagt, die Auflaufform sei viel zu groß für den Kühlschrank, und lässt sie draußen stehen. Am folgenden Nachmittag würden ihre Söhne, wenn sie von der Uni kämen, den Rest aufessen, und eine kurze Zeit könne man den Auflauf ja ruhig bei Raumtemperatur stehen lassen. Zu dem Zeitpunkt, als ich Natalies Haus wieder verlasse, ist der restliche Auflauf also in die *Entsorgungs-Lücke* geraten.

Das nächste Mal besuche ich Natalie am folgenden Montag. Heute ist ihr freier Tag,[191] und sie hat mir versprochen, dass ich sie zum Einkaufen begleiten darf. Als ich in ihren Kühlschrank schaue, fallen mir mehrere Dinge auf:

(1) Die Sahne ist nicht mehr da,

(2) der Rest vom Auflauf befindet sich in einer Tupperdose auf dem unteren Einlegeboden,

(3) die Petersilie wurde in einen wiederverschließbaren, luftdichten Beutel gesteckt, und

(4) die gelbe Paprika liegt nicht mehr im Gemüsefach, sondern sie liegt auf einem der Einlegeböden in der Mitte des Kühlschranks.

Natalie kommentiert die einzelnen Posten wie folgt: Die Sahne habe sie nach ein paar Tagen weggeschüttet. Sie habe zwar versucht, irgendetwas damit anzustellen, also sich die Sahne in den Kaffee zu schütten oder einen Nachtisch, z. B. eine Zitronentarte, zuzubereiten, zu dem sie Schlagsahne hätte reichen können. Sie hat sogar versucht, ihrer Katze etwas davon zu geben, „als kleine Leckerei", aber wie sich herausstellte, hatte die Katze nicht viel dafür übrig. Am Ende sagte sie sich, dass Sahne ohnehin nicht allzu gesund sei und sie entschied, dass sie keine zusätzlichen Lebensmittel einkaufen will, die sie eigentlich gar nicht wirklich haben möchte, nur um Verwendung für die Sahne zu finden. Zudem sei der Becher ja schon eine ganze Weile offen gewesen, so dass die Sahne wahrscheinlich bereits ihre beste Zeit hinter sich hatte.

Was den Auflauf angeht, so haben ihre Söhne ihn leider nicht (wie sie erwartet hatte) am Freitag aufgegessen. Deshalb, erklärt Natalie, habe sie ihn schließlich doch in den Kühlschrank gestellt, damit er „länger gut bleibt". Sie teilt mir außerdem mit, dass niemand davon gegessen hat, seit er in den Kühlschrank kam, und sie mutmaßt, das liege daran, dass sie sich nicht immer genau daran erinnert, was sie so alles im Kühlschrank hat, und dass ihre Söhne „eh nicht weiter gucken als bis zu ihrer eigenen Nasenspitze".

Die Petersilie hat Natalie vor allem deshalb in einen luftdichten Beutel gesteckt, weil es ihr „irgendwie komisch" erschien, diese einfach so unabgedeckt im Kühlschrank liegen zu lassen (die Supermarktverpackung, in der sich die Petersilie befand, ließ sich nach dem Öffnen nicht mehr verschließen). Sie hat vor, den halben Bund Petersilie am nächsten Tag einem ihrer Kunden zu schenken, der zuvor Interesse für Natalies Auflaufrezept bekundet hatte. Allerdings komme es ihr auch „ein wenig seltsam" vor, so Natalie, jemandem, den sie gar nicht gut kenne, einen Bund „vor sich hin welkender Petersilie" in die Hand zu drücken.

Als Letztes ist da noch die Paprikaschote. Natalie hat sie am Samstag aus dem Obst- und Gemüsefach herausgenommen und in der Mitte des Kühlschranks platziert, weil sie da besser sichtbar ist. Sie verweist darauf, dass sie oft vergisst, was sie im Kühlschrank hat, und meint, jetzt werde sie sich besser an die Paprika erinnern und diese noch irgendwie verarbeiten.[192] Momentan plant sie, die Paprika für die Fleischsoße zu verwenden, die in die Lasagne kommt, welche sie später zubereiten wird. Natalie sagt, im Idealfall käme bei ihr keine Paprika in die Lasagnesoße. Die Paprika werde aber dort nicht weiter auffallen, außerdem sei sie dann wenigstens aufgebraucht.

Was das endgültige Schicksal des Auflaufs und seiner Zutaten betrifft, so hatte Natalie die Sahne, wie erwähnt, ja bereits weggeschüttet, doch interessanterweise sind die meisten anderen überschüssigen Lebensmittel ebenfalls im Müll gelandet. Ein Teil des Auflaufs wurde noch gegessen, aber der Rest kam – ganz im Einklang mit der Logik lebensverlängernder Haushaltstechnologie – ins Gefrierfach. Dort befand er sich am Ende meiner Studie noch immer.[193]

Die Petersilie hat Natalie übrigens doch nicht ihrem Kunden geschenkt. Sie hat sie noch „eine Woche oder so" aufbewahrt. Dann war sie der Meinung, dass es am besten sei, die Petersilie „wegzutun". Die Paprika hat sie tatsächlich kleingeschnitten, um sie in die Lasagne zu geben. Doch dann hat sie beschlossen, dass diese ihr „zu schleimig war", und so kam die Paprika direkt vom Schneidebrett in den Abfalleimer.

Es stimmt: Die überwiegende Mehrheit der überschüssigen Nahrung ist in diesem Fall im Müll gelandet. Und doch verschleiert diese simple Beobachtung das Ausmaß, in dem Lebensmittel von A nach B bewegt werden, wenn sie sich in der *Entsorgungs-Lücke* befinden. Auch diesen Umstand können wir durchaus als praktische Manifestation der Unsicherheit und der Sorgen und Ängste interpretieren, die bei der Entsorgung von Lebensmitteln zum Tragen kommen.

In der *Lücke* selbst geschieht indes eine ganze Menge. Die Artikel darin werden physisch bewegt, um ihre Entsorgung zu verhindern, aber sie werden auch bewegt, um sich an sie zu erinnern, sich Einsatzmöglichkeiten für sie zu überlegen und diese vielleicht auch umzusetzen. Genauso gut kann es aber sein, dass sie weggestellt, versteckt und verdrängt werden. So muss man zumindest für den Moment nicht daran denken, dass man sie unter Umständen wegwirft – und ausgerechnet damit besiegelt man dann zugleich ihr Schicksal. In jedem dieser beiden Fälle tauchen die überschüssigen Lebensmittel – nach einer gewissen Zeit allerdings – am anderen Ende der *Lücke* wieder auf und werden auf die eine oder andere Weise entsorgt. Doch es ist durchaus möglich, vorher einzugreifen, um die überschüssigen Lebensmittel aus der *Lücke* zu retten und sie wieder in die Kategorie derjenigen Lebensmittel zu überführen, die als essbar wahrgenommen werden und die den unmittelbaren Anforderungen des Haushalts gemäß zum Verzehr geeignet sind.

Heraus aus der Lücke

Die *Entsorgungs-Lücke* ist kein „Schwarzes Loch". Es ist durchaus nicht so, dass die überschüssige Nahrung auf einer Einbahnstraße unterwegs ist und durch Eintritt in diese *Lücke* einen Punkt erreicht hat, an dem es kein Zurück mehr gibt. Das obige Beispiel von Natalie und ihrer gelben Paprika zeigt, dass es auch anders gehen kann. Und obwohl der Ausgang in diesem speziellen Fall nicht ganz so glücklich war, so gibt es doch genügend Fälle, in denen aus dem *Überschuss* wieder etwas Essbares wird.

Laura ist Ende dreißig und wohnt mit ihrem Lebensgefährten James und ihren drei Kindern in einem großen Haus in der Rosewall Street. Mittwochabend in Lauras Küche: Sie bereitet ein Hühnchen-Curry zu, und als sie den Kühlschrank öffnet, um Chilischoten herauszuholen, fällt ihr Blick auf einen Kopf Blumenkohl in einer ungeöffneten Plastikverpackung. Sie sagt, der sei da jetzt seit über einer Woche. James habe ihn gekauft, um irgendetwas damit zu kochen. Leider hatte er vergessen, dass er am vorigen Donnerstag und Freitag auf Geschäftsreise musste. Also hatte er schließlich doch keine Zeit, den Blumenkohl wie geplant zu verarbeiten. Sie zieht ihn aus der Packung und drückt auf ihm herum, riecht daran, untersucht ihn und kommt zu dem Schluss, dass er „gerade noch gut" ist. Sie platziert ihn auf dem Schneidebrett, schneidet die einzelnen Röschen ab (der Stiel wandert umgehend in den Abfalleimer) und erklärt, normalerweise käme bei ihr kein Blumenkohl ins Curry, sie würde dafür eher Brokkoli oder ein anderes grünes Gemüse nehmen, denn Blumenkohl im Curry sehe ja „schon irgendwie komisch" aus. Aber jetzt macht sie eine Ausnahme, um ihn „aufzubrauchen".

Als es an der Zeit ist, die Blumenkohlröschen in die Pfanne zu geben, nimmt sie nur etwa ein Drittel davon, den Rest wirft sie in den Müll. Ich frage sie, wie viel Brokkoli sie bei diesem Gericht normalerweise verwendet, und sie antwortet, dass sie etwa die gleiche Menge nehmen würde wie jetzt beim Blumenkohl. Allerdings würde sie dann von vornherein auch nur so viel vom Brokkoli abschneiden wie sie benutzen will. Sie erklärt, dass sie den Blumenkohl eigentlich komplett weggeschmissen hätte, doch dadurch, dass sie ihn zerschnitten hat, hatte sie immerhin die Option, einen Teil davon zu retten. Hier ist zweierlei bemerkenswert: Auch in diesem Fall haben Bewegung, Platzierung und Material (in diesem Fall Schneidebrett und Messer) dafür gesorgt, die *Lücke* im Entsorgungsprozess auf die gleiche Weise zu verlängern, wie es bei Natalies Paprika der Fall war. Und was vielleicht noch wichtiger ist: Vom überschüssigen Blumenkohl wurde (immerhin) ein Teil vor der Entsorgung gerettet und am Ende doch noch gegessen.

Ein weiteres Beispiel bietet meine Begegnung mit Pete. Pete ist Anfang zwanzig und wohnt in einer WG mit vier anderen Personen zusammen in einem Haus an der Leopold Lane. Seine Mitbewohner beschreibt er als einen „zusammengewürfelten Haufen"; er hat sie erst kennengelernt, als er dort eingezogen ist. Wie Tamsin ist er beruflich viel unterwegs, und eine gewisse Instabilität bestimmt auch seinen Umgang mit Lebensmitteln. Doch anders als Tamsin gelingt es ihm ganz gut, überschüssige Nahrung wiederzuverwenden und Reste aufzuessen. Bei unserem ersten Treffen stehen wir in Petes WG-Küche. Er nimmt einen Apfel aus der Obstschale und bietet ihn mir an. Dann erklärt er mir, „streng genommen" seien das gar nicht seine Äpfel, und er dürfte mir eigentlich gar keinen anbieten. Als er sieht, wie unangenehm mir das ist – ich habe bereits in den Apfel hineingebissen –, lacht er und sagt, dass die beiden Mädchen[194] in der WG (Kate und Louise) immer „jede Menge Obst" einkaufen, dann aber „bestimmt nur 30 Prozent davon" essen. Er zeigt auf die Obstschale und fügt hinzu, vor fünf Tagen hätten sie neun Äpfel gekauft, aber seither nur einen einzigen gegessen. Das passiere ständig, und vor ungefähr einem Monat habe er beschlossen, das Obst einfach mitzuessen, denn so müsse er sich kein eigenes kaufen. Außerdem habe er „nicht länger mitansehen" wollen, wie „die schönen Sachen in den Müll wandern". Ich will von ihm wissen, ob seine Mitbewohner etwas dagegen haben, dass er ihr Obst isst, und er antwortet, er bezweifle, dass sie überhaupt bemerkten, dass er das tue, und wenn, dann hätten sie es noch nicht angesprochen.[195] Im Endeffekt rettet Pete somit überschüssige Lebensmittel aus der von Kate und Louise geschaffenen *Entsorgungs-Lücke*.

Doch Pete bewahrt nicht nur dadurch, dass er isst, was andere gekauft haben, überschüssige Lebensmittel vor der Entsorgung. Halb scherzhaft sagt er, „Reste" seien eines seiner Lieblingsgerichte, und er zählt mir auf, was für ein „seltsames Durcheinander" an Lebensmitteln er schon gegessen habe, wenn er wieder einmal nach ein paar Tagen heimkam und „keine Lust hatte, was Richtiges zu kochen". Er beschreibt, wie er vor Kurzem ein paar Würstchen aus dem Supermarkt mit drei Tage alter Curry-Soße (Rest eines Gerichts vom Imbiss), einer Scheibe Brot, „die schon ein wenig komisch aussah", und den welken Resten einer Tüte Salat gegessen habe. Für Pete beseitigen überschüssige Lebensmittel die Notwendigkeit, selbst einzukaufen oder zu kochen, wenn er gerade weder Zeit noch Lust oder Neigung dazu hat. Und er ist keineswegs der Einzige, der die *Lücke* im Entsorgungsprozess als potenzielle Ressource betrachtet, die es zu berücksichtigen gilt, wenn sich die Gelegenheit dazu ergibt.

Caroline ist Anfang sechzig und lebt schon lange in dem Viertel, in dem die Rosewall Street liegt. Sie wohnt in einem Haus zusammen mit ihrem Ehemann Daniel, und obwohl ihre drei Kinder bereits alle aus dem Haus sind, wohnen ihre Tochter und einer ihrer Söhne ganz in der Nähe. Carolines Tochter und Schwiegertochter schauen tagsüber immer mal wieder unangekündigt vorbei, und bei solchen Gelegenheiten holt sie gerne „irgendwas aus der Tiefkühltruhe" und wärmt es auf: Reste von einer Hackfleischpastete, einer Moussaka oder einem Nudelauflauf. Sie erzählt mir, dass sie das jedes Mal als Geschenk des Himmels empfindet: Sie muss die Reste nur kurz in die Mikrowelle oder in den Ofen stellen, um sie aufzuwärmen.[196] So hat sie mehr Zeit für ihre Familie. Sie sagt, allein die Zeit, die es brauche, etwas so Einfaches wie ein Schinken-Käse-Sandwich zuzubereiten, würde sie lieber mit ihren Kindern verbringen. Die familiäre Bindung von Caroline zu ihren Angehörigen macht diese Besuche für sie so wertvoll, aber diese große Nähe bedeutet auch, dass sie sich nicht genötigt fühlt, ihnen jedes Mal „etwas Besonderes" zu kochen — auch so bekäme sie ständig zu hören (sie kichert, als sie mir das erzählt), was für eine tolle Köchin sie sei. Später gesteht sie, dass sie diese Reste wegwerfen würde, wenn sie mehr als ein paar Monate im Gefrierschrank lägen. Umso mehr freue sie es, dass sie immer wieder die Chance hat, sie aufzubrauchen, indem sie die Reste für jemanden aufwärmt, der sie gerne isst.

Sowohl Pete als auch Caroline gelingt es, eigentlich überschüssiges Essen aus der *Lücke* im Entsorgungsprozess zu retten und zu verwerten. Doch wir sollten im Hinterkopf behalten, dass diese zwei Beispiele für die Teilnehmer meiner Studie leider überhaupt nicht typisch sind. In der überwiegenden Mehrheit der Haushalte, die ich untersucht habe, herrscht ganz klar die Tendenz vor, dass Lebensmittel, die einmal als Überschuss definiert worden sind, diese *Lücke* in einer linearen Bewegung durchlaufen, um später – auf die eine oder andere Weise – entsorgt zu werden. In den Kapiteln 6 und 7 werde ich genauer untersuchen, auf welche Weise das vor sich geht. Doch bevor wir dazu kommen, sollten wir uns noch einmal im Detail ansehen, wie genau verschiedene Dinge auf die unterschiedlichen Wege gelangen, die in Richtung Abfalleimer führen.

Entsorgung und Abfall

Bei der Art der Entsorgung, die in diesem Buch im Mittelpunkt steht, geht es in konzeptueller Hinsicht „nicht in erster Linie um Abfall, sondern um *Platzierung*"[197]. Bestimmte Dinge (oder Dinge in einem bestimmten Zustand) sind nämlich nicht *per se* Abfall; vielmehr *werden* sie erst zu Abfall, und zwar als Folge der Art und Weise, wie die aus der *Entsorgungs-Lücke* befreiten überschüssigen Dinge entsorgt werden. Gibt man sie zum Beispiel an Freunde und Familie weiter, so bewahrt sie dies in den meisten Fällen davor, sofort weggeworfen zu werden; landen sie aber im Abfalleimer, befinden sie sich quasi bereits im Abfallstrom. Kehren wir noch einmal zu Nicky Gregson und ihren Kollegen zurück, die behaupten, dass nur 29 Prozent dessen, was die von ihnen untersuchten Verbraucher aussortierten, direkt in den Abfallstrom gelangte. Dem Rest blieb dieses Schicksal (zunächst) auf die eine oder andere Weise erspart. Doch warum ist das so? Warum schlagen unterschiedliche Artikel oder Produkte so unterschiedliche Wege ein?

Mit Bezug auf Georges Bataille treffen Gregson et al. eine wichtige und nützliche Unterscheidung, nämlich die zwischen *Überschuss* und *Ausschuss*. Was überschüssig ist, birgt theoretisch das Potenzial, anderswo noch wertgeschätzt zu werden. So kann das „soziale Leben"[198] dieser Dinge verlängert werden, indem sie an einen anderen Ort oder in andere Hände gelangen[199]. In die Kategorie *Ausschuss* fallen Objekte, für die dies nicht gilt. Sie werden ausgesondert, da sie allzu „verschlissen" und „abgenutzt" oder schlicht „widerlich" sind[200]. Diese Unterscheidung impliziert zweierlei:

(1) Der Überschuss wird dort platziert, wo er nicht direkt in den Abfallstrom wandert (Wohltätigkeitsläden, eBay, Freunde oder Verwandte).

(2) Der Ausschuss wird (zwangsläufig) dort platziert, wo er direkt in den Abfallstrom wandert (in der Regel im Abfalleimer). Anschließend landet er ohne Umwege an einem Ort, an dem er endgültig als Abfall konfiguriert wird (in der Regel die Müllkippe).

Wenn wir diese Unterscheidung auf meine Untersuchung, wie *Nahrung* zu *Abfall* wird, übertragen, dann heißt das, dass aus dem *Überschuss* zunächst *Ausschuss* wird, bevor daraus *Abfall* wird. Rein formell bedeutet dies: Wenn zunächst als Überschuss definierte Dinge schließlich ausgesondert und zu Ausschuss werden, dann werden sie auf eine Weise entsorgt, die sie als Abfall definiert. Wenn sie jedoch Überschuss bleiben, dann verlassen sie die *Lücke* auf eine Weise, die sie vor der Entsorgung bewahrt. Wie wir sehen werden, kann es ganz schnell passieren, dass überschüssige Lebensmittel ausgesondert werden (also in die Kategorie *Ausschuss* wechseln) und somit allzu bereitwillig als Abfall definiert werden[201]. Das ist jedoch beileibe kein unvermeidbarer Vorgang. In den folgenden Kapiteln werde ich diese Prozesse genauer untersuchen, um festzustellen, warum alternative Wege, die verhindern könnten, dass Lebensmittel weggeworfen werden, nicht konsequent und effektiv funktionieren.

6

Alles im Eimer

In diesem Kapitel werde ich mich damit beschäftigen, warum die überwältigende Mehrheit überschüssiger Lebensmittel dazu tendiert, ausgesondert und somit zu Ausschuss erklärt zu werden, wodurch sie automatisch in Richtung Abfallstrom wandert. Zunächst möchte ich für einen Moment die Frage außer Acht lassen, warum alternative Verwendungsmöglichkeiten nicht konsequent oder effektiv genug funktionieren und verhindern, dass die Leute ihre Lebensmittel überhaupt erst wegwerfen. Darauf werde ich im folgenden Kapitel zu sprechen kommen. Stattdessen will ich an dieser Stelle die Verbindungen zwischen Überschuss und Entsorgung analysieren. Im Mittelpunkt steht hier der Abfalleimer bzw. die Frage: Wie trägt der Abfalleimer dazu bei, dass sich bestimmte Verhaltensweisen verfestigen, die am Ende zum Wegwerfen überschüssiger Lebensmittel führen? Ich bin der Meinung, dass der Abfalleimer hier eine genauso wichtige Rolle spielt wie die einzigartige Stofflichkeit von Lebensmitteln und die Art und Weise, wie diese Elemente ganz allgemein mit der materiellen Kultur des Haushalts in Einklang stehen. Daraus ergeben sich zwei weitere Fragen. Erstens: Auf welche Weise interagiert die Gegenständlichkeit von Überschuss und Ausschuss mit diesen materiellen Prozessen und wie beeinflusst sie die Topographie der Entsorgung? Und zweitens: Welche Beziehungen tun sich auf zwischen dieser Analyse von Abfalleimer und Entsorgung und den Möglichkeiten, Lebensmittel auf die eine oder andere Weise zu recyceln?

Vom Überschuss zum Ausschuss

Nachdem wir erfahren haben, wie Lebensmittel zu *Überschuss* werden (Kapitel 3 und 4) und damit in die *Entsorgungs-Lücke* gelangen (Kapitel 5), geht es nun um die Frage, wie die überschüssige Nahrung diese *Lücke* wieder verlässt, um in irgendeiner Form entsorgt zu werden. Die überwiegende Mehrheit der Lebensmittel scheint von der Kategorie *Überschuss* in die Kategorie *Ausschuss* zu rutschen, während sie sich in der *Entsorgungs-Lücke* befindet. Die Lebensmittel bleiben einfach so lange dort, bis es notwendig scheint, dass sie in den Abfalleimer wandern. Dadurch gelangen sie in den Abfallstrom. Diese Schritte durchläuft (zumindest theoretisch) alles, was von der Kategorie *Nahrung* in die Kategorie *Abfall* wechselt.

Im Folgenden möchte ich ein paar aufschlussreiche empirische Beispiele anführen. Sie zeigen, *wann* und *wie* überschüssige Lebensmittel ausgesondert werden. Im vorangegangenen Kapitel haben wir Julia kennengelernt. Ihre Strategie besteht darin, überschüssige Nahrung still und heimlich zu „vergessen" (bzw. zu verdrängen) und abzuwarten, dass diese schlecht wird. Wir wollen diesen Prozess noch einmal genauer unter die Lupe nehmen. Der folgende Tagebuch-Eintrag zeigt, was Julia innerhalb einer bestimmten Woche an Essbarem weggeworfen hat:

- etwas Püree aus getrockneten Tomaten,
- drei Bananen,
- ein Viertel eines Eisbergsalats,
- eine Rote Bete,
- einen halben Block Feta-Käse,
- etwa einen halben Liter Milch.

Ich frage nach, warum sie diese Dinge jeweils weggeworfen bzw. weggeschüttet hat. Sie sagt, das Tomatenpüree habe schon eine Weile „etwas vertrocknet" und insgesamt „nicht mehr so vertrauenerweckend" ausgesehen. Sie habe es nur noch aufbewahrt, um es eventuell in eine Pastasoße „zu schmeißen". Dann hätte man nicht mehr bemerkt, dass das Tomatenpüree nicht mehr allzu frisch war. Als es aber zu schimmeln begann, warf sie den Rest zusammen mit dem Glas, in dem er sich befand, in den Mülleimer. Das macht mich stutzig, schließlich ist sie doch sonst eine so begeisterte Recyclerin. Auf meine Nachfrage erklärt sie, das Glas sei „zu schmutzig" für den Glascontainer gewesen.[202]

Dann sind die Bananen an der Reihe. Sie erzählt, die erste, die sie weggeworfen habe, habe sie mit zur Arbeit genommen. Als sie die Banane geschält habe, sei diese an mehreren Stellen „gammlig und braun" gewesen. Zuhause hat sie sich dann die beiden anderen Bananen näher angesehen, die sie die Woche zuvor gekauft hatte. Auch die sahen nicht besser aus, also warf sie die Bananen in den Müll. Was den Eisbergsalat angeht, so erklärt Julia, er habe ein paar braune Flecken gehabt, was ihr signalisierte, dass er „wahrscheinlich drüber" war. Zumindest war sie sicher, dass er ihr in diesem Zustand nicht mehr schmecken würde.

Als ich sie auf die Rote Bete anspreche, öffnet Julia den Kühlschrank und holt einen vakuumversiegelten Plastikpack mit vier gekochten Roten Beten heraus. Sie sagt, sie habe drei Stück aus genau so einer Packung verwendet und das überzählige Exemplar weggeworfen. Obwohl sie Rote Bete für ein großartiges Produkt hält – billig, nahrhaft und lecker –, steht sie jedes Mal vor einem Problem, wenn sie nicht alle vier auf einmal verbraucht, denn Rote Bete im Kühlschrank zu verstauen „ist echt Mist", vor allem weil „der Saft überall hinläuft". Dieses Mal hatte sie die übrige Rote Bete in eine Tupperdose gelegt, um sie später in der Woche in einen Salat zu schneiden. Doch dazu ist es nicht gekommen, denn als es so weit war, da war die

Rote Bete schon „vertrocknet" und hat „seltsam gerochen". Sie meint, dass es wahrscheinlich daran lag, dass sie schon vorher die Flüssigkeit aus der Packung weggegossen hatte. Nun, ohne Flüssigkeit, ist die Rote Bete im Abfalleimer gelandet.

Ähnliche Probleme gab es mit dem Feta-Käse. Julia liebt Feta, ärgert sich aber, dass die Salzlake „überall hintropft", sobald sie das Paket öffnet. Ihre Lösung: Sie legt das Paket zuerst in eine Tupperdose und erst dann öffnet sie es. So bleibt der Käse die ganze Zeit in der Flüssigkeit. Doch trotz aller Bemühungen muss sie jedes Mal feststellen, dass er nach ein paar Tagen zu riechen beginnt und „echt nicht mehr gut" aussieht. Wenn sie den Feta also nicht innerhalb von ein paar Tagen aufisst, nachdem sie das Paket geöffnet hat, dann wirft sie den Rest weg. In diesem Fall (wie auch bei der Milch, die sie weggeschüttet hat) ist Julia der Meinung, dass man bei allem, was mit Milch zu tun hat, ganz besonders vorsichtig sein muss. Vor allem, weil verdorbene Milchprodukte einen (also sie und ihre Familie) krank machen können, aber auch weil sie dafür sorgen, dass ihr Kühlschrank (und ihre Küche) schlecht riecht.

Überhaupt findet sie Milchprodukte „ekelhaft", wenn sie diese wegwirft oder wegschüttet. So erzählt sie mir, sie müsse sich immer „fast übergeben", wenn sie schlecht gewordene Milch oder auch nur die Salzlake vom Feta-Käse in den Ausguss gießt. Sie hält dann den Atem an und kippt sofort Chlorreiniger hinterher. Dann wäscht sie sich gründlich die Hände.

Das, was Julia erzählt, fand sich so oder so ähnlich in allen Haushalten wieder, die ich untersucht habe. Der Prozess, der hinter den Beispielen aus Julias Küche steckt, ist stets der gleiche: Überschüssige Nahrung wird eine Zeitlang aufbewahrt und dann aussortiert. Wie erwähnt, gilt dieser Ausschuss als „verschlissen", „abgenutzt" und „widerlich"[203]. Das Aussortierte kann somit nicht mehr als nützlich oder wertvoll gelten. Julia reagiert auf den Feta-Käse und die Milch ganz instinktiv und stark emotional.[204] Ganz ähnlich ist es mit dem Glas mit dem schimmligen Tomatenpüree: Für sie, die sich sonst viel Mühe gibt, ihren Müll zu recyceln, war das Glas so schmutzig, dass es aus dem üblichen Rahmen des Recyclings herausfiel – einfach nur, weil es mit Materie aus der Kategorie *Ausschuss* in Kontakt gekommen war. Der effektive Übergang vom Überschuss zum Ausschuss markiert mithin den Punkt, an dem Nahrung keine Nahrung mehr ist (was im Umkehrschluss bedeutet, dass überschüssige Lebensmittel noch Nahrung sind, da sie theoretisch noch verzehrt werden können). Damit möchte ich nicht davon ablenken, dass die Unterscheidung zwischen *Nahrung* und *Nicht-Nahrung* sehr komplex ist und von einer Vielzahl medizinischer und gastronomischer Faktoren abhängt, die räumlich und zeitlich stark variieren[205]. Wichtig ist hier vor allem eines: Wenn ein Haushalt etwas als *Nicht-Nahrung* einordnet – egal, wie subjektiv dies ist –, dann handelt es sich automatisch um Ausschuss. Es ist somit bereits auf dem Weg in Richtung Abfallstrom.

Wenn wir den theoretischen Rahmen, den Michael Thompson in seinem Buch *Müll-Theorie* entwickelt hat, auf Lebensmittel anwenden, erkennen wir, dass sie – wie die meisten Konsumgüter – vergänglich sind, d. h. ihr Wert nimmt im Laufe der Zeit immer weiter ab, bis sie als Abfall kategorisiert werden (ihr wahrgenommener Wert also gleich null ist). Allerdings haben Lebensmittel im Vergleich zu anderen Objekten eine ziemlich kurze Lebensdauer. Sie werden also relativ schnell zu Abfall, und wenn sie erst einmal in dieser Kategorie gelandet sind, ist es wenig wahrscheinlich, dass sie daraus wieder hervorgeholt und neu bewertet werden oder sogar in die Kategorie des langlebigen (stabilen oder steigenden) Wertes geraten. Diese kurze Lebensdauer und die geringe Chance, der Kategorie *Abfall* wieder zu entkommen, ist vom Konzept her analog zu dem Übergang vom *Überschuss* zum *Ausschuss*. Und

das impliziert, dass Probleme des Wertes – zumindest teilweise – gelöst werden können, indem Lebensmittel an dem
Punkt, an dem sie in sozialer Hinsicht obsolet sind, nicht entsorgt werden. Die so entstehende *Lücke* im Entsorgungsprozess macht es möglich, überschüssige Lebensmittel stillschwei-
gend (aktiv) zu vergessen, außerdem lindert sie bestehende
Ängste rund um das Thema Überversorgung[206] und verhindert so, dass der Eindruck entsteht, die betreffende Person
habe ihren Haushalt nicht im Griff. Lebensmittel aufzubewahren, weil man sie (angeblich) später noch verwenden will,
bringt nicht nur mit sich, dass ein „als respektabel geltender
Zeitraum" vergeht, in dem die Lebensmittel „ihren Restwert
verlieren können"[207], sondern auch, dass die symbolische Ab-
wertung zusätzlich durch den physischen Verfall der Waren
unterstützt wird. Das macht es wesentlich einfacher, dass die
überschüssige Nahrung in die Kategorie *Ausschuss* überwech-
selt bzw. dem Abfallstrom zugeführt wird.

Ich möchte an dieser Stelle noch einmal darauf hinweisen,
dass es keineswegs selbstverständlich ist, dass alle überschüssigen Lebensmittel, die in die *Entsorgungs-Lücke* gelangen, als
Ausschuss im Abfalleimer landen. Dennoch ist es der übliche
Weg, und er entspricht auch den aktuellen Schätzungen des
Abfallaufkommens in britischen Haushalten. Auf den ersten
Blick scheint diese Tatsache den Ergebnissen anderer Studien[208] zu widersprechen. Diese kommen ja zu dem Ergebnis,
dass alternative Wege effektiv funktionieren.

Zur Erinnerung: Nicky Gregson und ihre Kollegen schätzen, dass nur 29 Prozent aller weggeworfenen Konsumobjekte
in den Abfallstrom gelangen und die restlichen 71 Prozent auf
andere Weise entsorgt werden. Allerdings beschäftigen sie sich
bei ihrer Analyse nicht mit Lebensmitteln, und was ganz entscheidend ist: Sie unterscheiden zwischen Überschuss und
Ausschuss. Insofern weichen ihre Erkenntnisse dann doch

nicht von meinen ab, insofern als Lebensmittel einen ganz speziellen Bereich der materiellen Kultur darstellen, und zwar einen, der besonders einfach, schnell und häufig in die Kategorie *Ausschuss* rutscht. Als Nächstes soll es darum gehen, warum das eigentlich so ist und welche Rolle die materielle Kultur dabei spielt, dass überschüssige Lebensmittel weggeworfen werden.

Vom Abfalleimer zur Deponie

Im Gegensatz zu den Konsumobjekten in der Studie von Gregson et al.[209] verderben und verfaulen Lebensmittel besonders schnell und ihr Verzehr birgt dann erhebliche (teils reale, teils „gefühlte") Risiken. Jeder einzelne Haushalt, den ich befragt habe, war der festen Überzeugung, dass man Lebensmittel, die verschimmelt, vergoren oder auf andere Weise „schlecht geworden" sind, nicht mehr essen darf und wegwerfen muss. Lebensmittel belegen per se besonders gut die These, dass Objekte keine festgelegten Eigenschaften oder Qualitäten besitzen[210], sondern ständig im Fluss sind und sich immer wieder verändern[211]. Dass es zur Verschwendung von Lebensmitteln kommt, ist daher nicht ausschließlich die Folge menschlichen Handelns, insofern als alle möglichen Mikroorganismen eine aktive Rolle dabei spielen, dass aus dem Überschuss Ausschuss und damit *Nicht-Nahrung* wird. Diese Prozesse physischer Transformation suggerieren einen aktiven Vitalismus[212], der die Nahrung „mit Leben erfüllt"[213] und dadurch hinsichtlich der Entsorgungspraktiken bestimmte Erfordernisse schafft[214]. Wie bereits erwähnt, ist das Vorhandensein überschüssiger Lebensmittel für jeden Haushalt Anlass zur Besorgnis. Wenn wir einen Schritt weitergehen, können wir behaupten, dass die Verderblichkeit von Lebensmitteln[215] und ihre physische

Manifestation – also Schimmel, Verfärbungen, Veränderungen der Oberflächenstruktur usw. – die Nahrung selbst zum relevanten Akteur, sozusagen zum Komplizen bei ihrer eigenen Entsorgung im Abfallstrom macht: Sie trägt selbst ihren Teil dazu bei, dass sie zu Abfall wird.

Dieser Ansatz führt uns zu einem weiteren Punkt: Warum wird Nahrung ständig so entsorgt, dass sie als Abfall angesehen wird? Ein Teil der Antwort auf diese Frage muss bis Kapitel 7 warten. Dort wird es um die Frage gehen, wieso es nur so wenige (und zudem wenig effektive) alternative Entsorgungsmöglichkeiten für Lebensmittel gibt. An dieser Stelle sei angemerkt, dass der Abfalleimer eine äußerst wichtige Rolle dabei spielt, dass aus Nahrung schließlich Abfall wird. Wie wir gesehen haben, stellt das Vorhandensein überschüssiger und ausgesonderter Lebensmittel ein Ärgernis im Haushalt dar und gibt zudem Anlass zur Sorge um die eigene Gesundheit. Und bei beidem bietet der Abfalleimer Abhilfe, indem er uns die Möglichkeit gewährt, die betreffenden Lebensmittel kurzerhand „verschwinden" zu lassen, und zwar in einen Behälter, in dem sie (quasi) hermetisch abgedichtet sind.

Ein Beispiel: Während einer meiner ersten Begegnungen mit Faye und Chris erzählen sie mir, dass sie es „nervt", wenn es in der Küche Nahrung gibt, von der sie bereits wissen, dass sie sie wahrscheinlich nicht essen werden. Während wir uns darüber unterhalten, geht Faye hinüber zum Abfalleimer[216] und lüftet kurz den Deckel. Sie erklärt, wenn etwas dort drinnen sei, dann bedeute das im Grunde *Game over*. Das sei ein wenig so, „als ob man sich eine Niederlage eingestehen muss". Zumindest müssen sie sich eingestehen, dass die betreffenden Lebensmittel nun definitiv nicht mehr gegessen werden (zumindest nicht von ihnen). Ganz gleich, wie wenig es ihnen gefällt, Essen wegzuwerfen: Faye weist mich darauf hin, dass der Akt, etwas in den Abfalleimer zu werfen, automatisch bedeutet, dass sie sich nicht mehr damit auseinandersetzen muss und dass sie sich „um andere Dinge Sorgen machen" kann. Bereits Nicky Gregson und ihre Kollegen haben darauf hingewiesen, dass Abfalleimer uns dabei helfen, „uns selbst vor den schädlichen Auswirkungen des Ausschusses zu bewahren"[217]. Im folgenden Kapitel werden wir sehen, dass man Gefahr laufen würde, eben diese schädlichen Auswirkungen noch zu potenzieren, wenn man den Ausschuss anderswo aufbewahrt als im Abfalleimer.

Der Abfalleimer befindet sich an der Schnittstelle zwischen Privathaushalt und öffentlicher Abfallwirtschaft, und genau an dieser Schnittstelle materialisiert sich unsere Beziehung zum Abfall[218]. Entscheidend ist dabei, dass der Abfalleimer in der Küche Lebensmittel mit einer bestimmten materiellen Infrastruktur verknüpft bzw. mit Institutionen, die den Inhalt des Abfalleimers mitnehmen und entsorgen, und zwar auf eine Weise, die für den einzelnen Haushalt nicht allzu viel Aufwand bedeutet.[219] Sobald die ausgesonderten Lebensmittel im Abfalleimer verschwunden sind und sich der Haushalt dadurch ihrer schädlichen Auswirkungen entledigt hat, muss nur noch dafür gesorgt werden, dass der Inhalt des Abfalleimers zu einer bestimmten Zeit an einen bestimmten Ort gelangt, wo er dann quasi automatisch im Auftrag einer Behörde abgeholt wird. Mehrere Befragte gaben mir gegenüber an, sobald „der Müll an der Straße steht", sei er nicht länger ihr Problem, sondern das der Behörde, sprich: der Müllabfuhr. Insofern hat Faye durchaus Recht, wenn sie sagt, dass sie sich nicht mehr um Lebensmittel kümmern müsse, sobald sie diese in den Abfalleimer geworfen hat. Durch diesen Akt verwandeln sie sich nämlich in etwas, mit dem sich ab sofort jemand außerhalb des Haushalts befassen muss. Natürlich wird der „Müll", wenn er „an der Straße steht", quasi schon Teil des Abfallstroms, da er in den allermeisten Fällen auf einer Mülldeponie oder in einer Müllverbrennungsanlage landen wird. Bereits Hetherington hat in diesem Zusammenhang einen Gedanken aus der Analyse von Bestattungsriten bei R. Hertz aufgegriffen: Das Aussondern von Lebensmitteln kann man als eine Art „erste Bestattung" (im Abfalleimer) definieren, dem dann eine „zweite, endgültige Bestattung" (auf der Deponie) folgt, bei der die Umwandlung von *Ausschuss* zu *Abfall* dann schließlich abgeschlossen ist.

Aber auch wenn der Abfalleimer effektiv dazu dient, überschüssige und ausgesonderte Lebensmittel loszuwerden, sollten wir daran denken, dass allein mit dem Entfernen eines Objekts aus dem Haushalt nicht automatisch seine semiotische Präsenz ausgelöscht wird. Und es verhindert ebenso wenig, dass die physische Abwesenheit im gegenständlichen Sinne „auf einen zurückfällt"[220]. Diese „Geister" ungeklärter Entsorgung[221] sind letztlich ungelöste Fragen des Wertes. Selbst Haushalte, in denen ausschließlich überschüssige Nahrung im Abfalleimer landet, deren Wertschöpfungsquellen erschöpft zu sein scheinen, machen sich dennoch Sorgen darüber, dass diese Nahrung im Abfallstrom landet. Nehmen wir als Beispiel Julia: So sehr sie sich auch bemüht, die nicht benötigten Lebensmittel „aktiv zu vergessen", es gelingt ihr einfach nicht, dadurch ihr Gewissen zu erleichtern. Einmal sagt sie im Laufe der Studie, der Grund für ihr schlechtes Gewissen sei, dass sie glaubt, sie hätte eine Verwendung für die überschüssigen Lebensmittel finden müssen – oder sie hätte von vornherein besser planen müssen, dann hätte sie die Dinge gar nicht erst gekauft.

Bei Faye ist das ganz ähnlich. Auch wenn sie behauptet, dass das, was im Abfalleimer liegt, nicht mehr ihr Problem sei, so macht sie sich dennoch Gedanken darüber, was damit passiert, wenn die Müllabfuhr es abgeholt hat. Sie vermutet, dass es geradewegs auf der Deponie landet. Die semiotische Präsenz von Lebensmitteln, die physisch entsorgt worden sind, beschert Haushalten eine ganze Menge Sorgen. Und immer wieder taucht dabei die Frage auf: Hätte ich etwas anders machen können?

Trotz all dieser Sorgen und Bedenken gelingt es dem Abfalleimer und den mit ihm verbundenen Entsorgungssystemen sehr gut, den Überschuss und den Ausschuss zu beseitigen. Und wie Beobachtungen zeigen, trägt die Tatsache, dass die Entsorgung von Lebensmitteln so reibungslos funktioniert, zumindest teilweise die Schuld daran, dass die Haushalte heute so viele Lebensmittel wegwerfen. Dass dieser Entsorgungsweg so stabil ist – im Gegensatz zu denjenigen, die ich im folgenden Kapitel vorstellen werde –, liegt an den diversen nicht-menschlichen (biotischen und abiotischen) Akteuren, die für ihn verantwortlich sind. Die obige Analyse zeigt ganz deutlich, welche Verbindungen bestehen zwischen den Lebensmitteln als verderblicher Materie, dem Abfalleimer und der Infrastruktur, die den Haushaltsabfall einsammelt und entsorgt. Wenn wir voraussetzen, dass der bloße Akt des Wegwerfens von Lebensmitteln das Ergebnis eines komplexeren Prozesses ist, dann treten an dieser Stelle eine Reihe anderer Faktoren in den Vordergrund. So wird die *Lücke* im Entsorgungsprozess durch Haushaltstechnologien wie Kühlschränke, Gefriertruhen und Tupperdosen ermöglicht, aber auch durch ein paar weniger offensichtliche Dinge wie Aluminiumfolie, Schneidebretter und Messer. Wie wir wissen, spielen Haushaltstechnologien bei Konsumgewohnheiten eine wichtige und dynamische Rolle[222], und hier können wir feststellen, dass Produkte, die dafür entwickelt werden, Lebensmittel länger frisch zu halten, in Wirklichkeit als Behältnis dienen, in dem diese Lebensmittel vor sich hin welken oder faulen. Sie spielen also eine aktive Rolle bei ihrer Entsorgung.

Ich fasse die Punkte noch einmal zusammen: Nichtmenschliche Elemente helfen, Ängste und Sorgen rund um das Vorhandensein überschüssiger Lebensmittel im Haushalt zu bewältigen. Sie ermöglichen die Verschmelzung der gegenständlichen und materiellen Effekte dieser Lebensmittel, unterstützen die normative Wirkung des Wegwerfens und bieten einen wirksamen Mechanismus dafür, die überschüssigen Lebensmittel zur ihrer „letzten Ruhestätte" zu geleiten.

Recycling von Lebensmitteln

In den vergangenen Jahren haben immer mehr Städte und Kommunen in der EU Infrastrukturen bereitgestellt mit dem Ziel, überschüssige und ausgesonderte Lebensmittel vor der Mülldeponie zu bewahren. Dieser Wandel in der Beziehung zum Abfall an der Schnittstelle von Privathaushalt und öffentlicher Abfallwirtschaft manifestiert sich in Form von sogenannten „Biotonnen" oder „Grünen Tonnen", die von der Kommune abgeholt bzw. entleert werden. Haushalte, die über eine Biotonne verfügen, haben meist auch einen speziellen Abfalleimer für Biomüll in der Küche, in den weggeworfene Lebensmittel kommen, die früher im normalen Hausmüll gelandet sind. In dem Gebiet, in dem ich meine Studie durchgeführt habe, gibt es zwar keine Biotonnen von der Größe üblicher Mülltonnen, dafür aber spezielle Abfalleimer für Biomüll, die den Haushalten von der Stadtverwaltung gratis zur Verfügung gestellt werden. An dem Tag, an dem der Biomüll abgeholt wird, stellt man diese Abfallbehälter an die Straße. Sie werden von der Müllabfuhr geleert und später nimmt man sie dann wieder mit in die Wohnung.

Da dem Abfalleimer, wie wir es bereits analysiert haben, in Bezug auf die Reise überschüssiger Nahrung in den Abfallstrom eine besonders große Bedeutung zukommt, scheint es eigentlich nur folgerichtig, diese Initiativen optimistisch zu betrachten. Und tatsächlich scheinen sie im Einklang mit der obigen Analyse zu stehen und können als Versuch interpretiert werden, die Eigenschaften des Abfalleimers dazu zu nutzen, einen neuen Weg zu etablieren, auf dem Nahrung aus dem Abfallstrom herausgeleitet wird. Theoretisch kann ein Haushalt also das, was er als Ausschuss definiert hat, wie gewohnt in einem Abfalleimer platzieren, doch dann übernimmt die öffentliche Abfallwirtschaft die Verantwortung dafür. Diesem Vorgang liegt die Überzeugung zugrunde, dass *Abfall* keine feststehende Eigenschaft bestimmter Dinge ist, sondern eine Frage der Platzierung.

Im letzten Kapitel werde ich auf spezielle Maßnahmen und Initiativen zur Abfallreduzierung zu sprechen kommen. Im Moment sollten wir uns – angesichts der großen Bedeutung des Abfalleimers – zunächst ein wenig mit dem Biomüll-Behälter beschäftigen. Ich muss an dieser Stelle anmerken, dass ich den Biomüll in meiner Studie noch nicht ausreichend berücksichtigen konnte, weil zum Zeitpunkt meiner Befragungen bislang nur den Einwohnern der Leopold Lane solche Abfalleimer für Biomüll zur Verfügung standen. Und das war auch erst gegen Ende meiner Zeit vor Ort der Fall. Dennoch ist es auffällig, wie unterschiedlich Haushalte auf diese Behälter reagieren. Viele weigern sich sogar schlichtweg, sie zu benutzen.

Natürlich gibt es auch Haushalte, die das Konzept „Biomüll" begrüßen und komplett in ihre Abläufe in der Küche integriert haben, und das belegt auch meine Studie. Nehmen wir als Beispiel Faye und Chris: Ich habe Faye zum Einkaufen begleitet. Anschließend schafft sie im Kühlschrank Platz für die neuen Lebensmittel und platziert mehrere aussortierte Artikel auf dem Küchentisch. Sie zeigt auf den Biomüll-Abfalleimer und erzählt mir, wie „super" sie „diese Dinger" findet. Wenn sie früher Lebensmittel in den normalen Abfalleimer geworfen habe, so erklärt sie mir, dann seien diese einfach nur „auf der Deponie gelandet". Der Inhalt der Abfalleimer für Biomüll aber werde „an Bauern" gegeben oder als Kompost verwendet. Man beachte den Kontrast zwischen ihrer jetzigen Haltung und derjenigen vor der Einführung des Lebensmittel-Recyclings, als sie das Wegwerfen von Lebensmitteln mit dem lakonisch-prägnanten Ausdruck *Game over* bewertete. Sie kichert und sagt, *eigentlich* habe sie gar keine Ahnung, was mit der Nahrung passiert, die in den Biomüll-Behälter kommt, da sie das Informationsblatt nicht gelesen habe, das die Kommune bei Einführung des neuen Systems verteilt hat. Das ist aber auch gar nicht so wichtig. Viel wichtiger ist, dass Faye überzeugt davon ist, sie könne durch den Biomüll-Abfalleimer in ihrer Küche dafür sorgen, dass Lebensmittel nicht in den regulären Abfallstrom gelangen. Deshalb freut sich Faye darüber, dass sie und Chris diesen Abfalleimer haben. Also haben sie ihn komplett in ihre Abläufe in der Küche integriert, und zwar genau so, wie es sich die lokalen Behörden vorgestellt haben.

Meine Studie enthüllt mehrere Gründe dafür, dass manche Haushalte nicht ganz so begeistert auf das neue System reagieren wie Faye und Chris. Als ich mich beispielsweise einmal mit Tamsin treffe, kommen wir auf das Thema „Biomüll" zu sprechen, und sie gesteht, dass sie den Abfalleimer, den sie dafür bekommen hat, nicht ein einziges Mal verwendet hat. Tatsächlich befindet er sich nach wie vor im Kofferraum ihres Autos – falls die Stadtverwaltung „ihn zurück will". Sie gibt diverse Gründe dafür an, dass sie den ihr zur Verfügung gestellten Biomüll-Behälter nicht benutzt. Vor allem findet sie, dass ihre Küche für einen weiteren Abfalleimer zu klein ist. Außerdem ist ihr das alles zu umständlich. Sie trennt ohnehin schon ihren Müll. Jetzt soll sie auch noch beim Zubereiten von Mahlzeiten darauf achten, was sie in welchen Behälter wirft. Und dann muss der Behälter auch noch an einem bestimmten

Tag rausgestellt werden. Da Tamsin ihr Leben, wie wir erfahren haben, ohnehin bereits als „hektisch" beschreibt, mag allein der scheinbar so simple Akt, an verschiedenen Tagen verschiedene Müllbehälter an die Straße zu stellen, ein echtes Problem darstellen. Außerdem ist sie ja immer wieder mehrere Tage am Stück beruflich unterwegs. Ein etwas subtilerer Aspekt[223] ist die Tatsache, dass ein Biomüll-Abfalleimer bei manchen Menschen den persönlichen Sinn für Ästhetik stört. Tamsin – wie mehrere andere Befragte auch – findet die Recyclingbehälter, die die Stadtverwaltung ausgibt, „hässlich" und „geschmacklos", und sie findet, dass sie noch mehr „Unordnung" in die Küche bringen. Die Biomüll-Abfalleimer stören das Bestreben „der Haushalte, sich als reinlich und ordentlich zu präsentieren"[224]. Tamsin weist ausdrücklich darauf hin, dass ihre Wohnung ihr „Nest" ist, und da dieses Nest so hübsch und nett wie möglich sein soll, passt ihr ein Biomüll-Behälter einfach nicht ins Konzept. Hinzu kommt, dass sie ihre Wohnung gründlich reinigen musste, bevor sie damals eingezogen ist, um „den Gestank" loszuwerden, den der Vormieter dort hinterlassen hatte. Schon deshalb ist sie nicht bereit, sich etwas in die Wohnung zu holen, das möglicherweise dazu führt, dass ihre Wohnung wieder unangenehm riecht.

Kommen wir nun zu Wez: Er ist geschieden, Mitte fünfzig und wohnt in einem großen Haus an der Leopold Lane. Wie man beobachten kann, ähneln sich die Verhaltensmuster in puncto Lebensmittel-Recycling innerhalb einzelner Stadtviertel[225]. Und so haben auch Wez und Tamsin einiges gemeinsam: Wez ist ebenfalls viel daran gelegen, dass alles sauber und ordentlich ist, und auch er sieht das Biomüll-System als potenzielle Bedrohung für Sauberkeit und Ordnung in der Leopold Lane. Der Unterschied ist: Seine Sorge reicht über die eigene Küche bzw. das eigene Haus hinaus. Er ist durchaus der Ansicht, dass sich die meisten Anwohner bemühen, die Straße sauber zu halten. Doch manchmal reiche „eine Meute" (damit meint er aufsässige, junge Leute), die es „witzig findet", die Biomüll-Behälter umzuwerfen, wenn sie an der Straße stehen, und schon führe das System des Lebensmittel-Recyclings zu allerlei Chaos und Problemen. Das sähe dann nicht nur unschön aus, es würde auch sämtlichen Bemühungen der Anwohner zuwiderlaufen, die dafür sorgen wollen, dass die Gegend „anständig" bleibt. Womöglich kämen dann auch noch Ratten.

Aus beiden Beispielen lässt sich ablesen, dass sie Leute deutlich zwischen dem Recycling von Lebensmitteln und dem Recycling beispielsweise von Plastikmüll unterscheiden; weggeworfene Lebensmittel werden nun einmal in der Regel mit Verwesung und Fäulnis assoziiert. Wenn sie den richtigen Moment verpasse, den Biomüll hinauszubringen, erklärt Tamsin, dann würde es in der Küche unangenehm riechen, und das wäre bei „Glas und Zeitungen" natürlich nicht der Fall. Für Wez besteht die Bedrohung im „Ungeziefer" und im damit verbundenen Risiko für die öffentliche Gesundheit. Wenn nur „ein paar Dosen herumfliegen", dann lässt sich das seiner Meinung nach „viel einfacher beseitigen".

Man sollte außerdem bedenken, dass die Biomüll-Abfalleimer für die heimische Küche gerade hier, wo sie von der Stadtverwaltung ausgeteilt werden, sozusagen die Manifestation des Systems der öffentlichen Abfallwirtschaft sind[226]. Insofern vermitteln sie manchen Menschen möglicherweise den Eindruck, dass „die Behörde" mithilfe dieser Abfalleimer still und heimlich in ihre Küche und in ihr Haus eindringt[227].

Der letztgenannte Punkt ist einer, den Wez voll und ganz unterschreibt. Er erzählt mir, wie er früher einmal in einer Wohnung der städtischen Wohnungsbaugesellschaft gelebt hat. Dort hatte er nie das Gefühl, dass er wirklich ein eigenes Zuhause habe. Ständig musste er sich „an deren Regeln halten" und „alles lief nur über die Behörde". Jetzt, wo er endlich ein eigenes Haus besitzt, sieht er überhaupt nicht ein, dass er sich von der Behörde vorschreiben lassen soll, wie er seine Küche einzurichten hat. Seine Skepsis richtet sich auch auf die Frage, was die Stadtverwaltung denn eigentlich mit dem Inhalt der Biomüll-Behälter anstellt. Er ist nicht so optimistisch wie Faye, die glaubt, dass der Biomüll sinnvoll verwendet wird; Wez ist vielmehr der Ansicht, dass alles am Ende wahrscheinlich „eh auf der Müllhalde" landet. Er sieht in dem ganzen System nicht mehr als einen PR-Gag.

Dies sind nur ein paar Gründe dafür, dass Haushalte (darunter auch mehrere, die an meiner Studie teilgenommen haben) nicht bereit sind, Lebensmittel dem Recycling zuzuführen. Der entscheidende Punkt hier ist, dass gerade das physische Vorhandensein spezieller Abfalleimer für Biomüll – und das, wofür sie stehen – verhindert, dass sie als effektive Alternative für die Entsorgung von Lebensmitteln funktionieren.

Eine gründlichere Untersuchung solcher Abfalleimer für Lebensmittel bietet die Studie von Alan Metcalfe und seinen Kollegen. Sie analysieren die materiellen, repräsentativen und relationalen Aspekte[228] von Biomüll-Abfalleimern. Sie kommen – genau wie ich – zu dem Ergebnis, dass es vor allem die physische Präsenz dieser Behälter ist, die Haushalte als besonders störend empfinden. Sie weisen darauf hin, dass es dabei vor allem um Fragen von „Geruch, Hygiene, Größe, Ästhetik, Ordnung und Ehrbarkeit"[229] geht. Ihre Analyse geht allerdings noch einen Schritt weiter als meine und untersucht, wie Haushalte eigentlich genau mit der physischen Präsenz des Biomüll-Abfalleimers umgehen. Ganz allgemein stellen sie fest, dass viele Haushalte, die diese Behälter nicht in ihrer Küche haben möchten, sich dennoch nicht etwa einfach nur so weigern, sich am Lebensmittel-Recycling zu beteiligen. Das

Gegenteil ist der Fall. Allein die Präsenz des Biomüll-Abfalleimers scheint diese Haushalte dazu anzuhalten, sich aktiv damit auseinanderzusetzen, wie sie überschüssige und ausgesonderte Lebensmittel entsorgen. Außerdem stellt die Studie ausführlich dar, wie manche Haushalte auf das Vorhandensein des Abfalleimers für Biomüll reagieren, indem sie nämlich neue Putz- und Reinigungsroutinen entwickeln, für die Behälter an Orten „Platz schaffen"[230], die ohnehin bereits mit Abfall und Schmutz assoziiert werden (z. B. unter der Spüle), oder den Abfalleimer, der ihnen zur Verfügung gestellt wurde, durch einen kleineren ersetzen.[231]

Es ist ziemlich aufschlussreich, dass diejenigen Haushalte, die ihre eigenen, kleineren Abfalleimer verwendeten, sich – anders als beispielsweise Wez – nicht über „die Behörde" beschwerten oder darüber, dass ihnen das Recyclingsystem zu viel abverlangen würde. Metcalfe et al. verweisen darauf, dass der Biomüll-Service „nur die Erweiterung eines Konzepts war, das sie ohnehin bereits schätzten: dass Abfall wiederverwendet wird, ohne dass sie viel dafür tun müssen"[232]. Das einzige Problem für diese Haushalte waren die spezifischen physischen Eigenschaften des Abfalleimers, der ihnen im Rahmen des neuen Systems zur Verfügung gestellt worden war.

Diese unterschiedliche Haltung von Wez und den Befragten von Metcalfe et al. lässt sich auch darauf zurückführen, dass beide Studien nicht in der gleichen Gegend durchgeführt wurden. Im Gegensatz zu meiner Studie fand die andere Studie in einem „beschaulichen" und „gehobenen" Umfeld statt, in dem erfahrungsgemäß ohnehin viel recycelt wird. Dennoch nennen auch Metcalfe et al. mehrere Beispiele, in denen sich Haushalte der Nutzung von Biomüll-Behältern widersetzen und sich trotz deutlicher Aufforderung weigern, ihre Praktiken in Sachen Hausmüll zu ändern. Dabei kommen vor allem zwei Faktoren zum Tragen:

(1) Im Hinblick auf Initiativen, die zur Reduzierung der Abfallmengen im Haushalt beitragen sollen, hat sich gezeigt, dass die Ausgabe von Biomüll-Abfallbehältern offensichtlich eine recht zweischneidige Angelegenheit ist.

(2) Was die physische Präsenz bestimmter Objekte (in diesem Fall Abfalleimer für Biomüll) betrifft, so muss man diese in phänomenologischer Hinsicht würdigen und sollte sie nicht auf ihre repräsentativen und relationalen Aspekte reduzieren[233].

Dies ist sicherlich eine sinnvollere Art und Weise, Lebensmittel zu kategorisieren, als sie bloß entweder als *Überschuss* oder *Ausschuss* zu definieren. Im nächsten Kapitel werde ich diesen Faden wieder aufnehmen. Hier wird es um die Frage gehen, warum alternative Entsorgungswege, die verhindern sollen, dass Lebensmittel im Abfallstrom landen, nicht konsequent oder effektiv funktionieren.

7
Verschenken, Wieder-
verwenden, Kompostieren

Bei der theoretischen Untersuchung, wie überschüssige Lebensmittel in den Abfallstrom gelangen, habe ich im vorigen Kapitel auf eine detailliertere Diskussion der unterschiedlichen Möglichkeiten verzichtet, die zeigen, wie das vor sich geht und auf welchen Wegen „die Dinge weitergegeben werden"[234]. Sicher, die überwiegende Mehrheit überschüssiger und ausgesonderter Lebensmittel landet im Hausmüll. Doch es geht auch anders, und das soll hier nicht verschwiegen werden. Eine Darstellung dessen, was mit überschüssigen Lebensmitteln geschieht, wäre nicht vollständig, ohne auf alternative Wege der Entsorgung hinzuweisen und ihre Vorzüge (und Mängel) aufzuzeigen. So soll es also in diesem Kapitel darum gehen, welche Möglichkeiten ein Haushalt hat, überschüssige Lebensmittel wieder in Umlauf zu bringen und neu zu verteilen, um so zu verhindern, dass sie zu Ausschuss werden, der in den Abfallstrom gelangt. Außerdem soll es darum gehen, wie man sogar Lebensmittel, die bereits als Ausschuss definiert worden sind, noch retten und transformieren kann, damit sie nicht auf der Mülldeponie enden. Leider ist jedoch keine Alternative dabei (so viel sei schon verraten), die so verlässlich und konsequent funktioniert, dass sie dazu dienen könnte, dem Überschuss und Ausschuss wirklich effektiv zu begegnen – geschweige denn zu verhindern, dass Lebensmittel zu Abfall werden.

Essen verschenken

Die Weitergabe überschüssiger Dinge durch Verschenken bzw. den Austausch von Geschenken ist gut dokumentiert[235]. Jeder, der sich näher mit Anthropologie befasst, kennt Malinowskis berühmten Bericht über die Bewohner der Trobriand-Inseln und ihren Umgang mit der Yamswurzel. Beim Verschenken und Tausch von Yamswurzeln offenbaren sich bei den Trobriandern, so Malinowski, Machtverhältnisse, Status, Schuldenstand und Obligationen, je nachdem, wie viele davon man hinter seinem Haus auftürmt – und verrotten lässt. Doch zurück ins Europa von heute. Könnte es nicht ein wirksamer Mechanismus sein, überschüssige Lebensmittel durch Verschenken vorm Abfalleimer zu bewahren? Tatsächlich weisen Nicky Gregson und ihre Kollegen ganz explizit darauf hin, dass man genau dadurch das Leben ausgesonderter Konsumobjekte deutlich verlängern kann. Aber gilt das auch für Lebensmittel? Für die Bewohner meiner zwei ganz gewöhnlichen Straßen im Süden von Manchester zumindest sind das Verschenken oder der Tausch von Lebensmitteln, wie ich festgestellt habe, mit so negativen Emotionen belastet, dass beides als reguläre Alternative für ihre Entsorgung nicht infrage kommt.

Nehmen wir zum Beispiel Andrew und Margaret. Das Ehepaar im Ruhestand bewohnt seit 29 Jahren ein Haus mit vier Zimmern an der Leopold Lane. Bei einem meiner ersten Treffen mit Andrew kommen wir auf die Frage zu sprechen, ob und wie man Essen mit den Nachbarn teilen kann. Er erzählt mir begeistert von einer indischen Familie, die etwa 15 Jahre lang nebenan gewohnt hat und die ihnen regelmäßig Reste ihrer daheim gekochten Mahlzeiten herüberbrachte, damit Margaret und er sie probieren konnten. Sie fanden das zunächst ein wenig seltsam, so etwas waren sie nun wirklich nicht gewohnt, doch mit der Zeit lernten sie es immer mehr zu schätzen. Vor allem

Andrew genoss es, immer wieder neue Gerichte zu probieren. Trotzdem haben sie diese Aufmerksamkeit nie erwidert, und Andrew sagt, es habe vielleicht daran gelegen, dass man das eigentlich „nicht macht": Essen verschenken. Außerdem hätten sie ein wenig Sorge gehabt, dass die Nachbarn das Essen der beiden ein wenig „fad" oder „langweilig" gefunden hätten, insbesondere im Vergleich zu ihrer eigenen scharf-würzigen Küche. Solche und ähnliche Ängste sind mir im Laufe meiner Studie immer wieder begegnet. Viele Haushalte, die ich besucht habe, würden niemals die Reste einer selbstgekochten Mahlzeit an andere weitergeben, da sie Angst davor haben, der Öffentlichkeit ihre kulinarischen Fähigkeiten zu offenbaren.

So entdecke ich zum Beispiel in Sadies Kühlschrank den Rest eines Nudelauflaufs, den sie mit ihrer Familie am Abend zuvor gegessen hat. Als ich sie danach frage, sagt sie, dass ihr allein schon der Gedanke peinlich wäre, ihren Nudelauflauf bekäme jemand anderes zu essen. Laut Sadie ist diese Mahlzeit nichts Besonderes, sie ist ein Kompromiss zwischen dem Gebot, „richtig" zu kochen, und der wenigen Zeit, die sie unter der Woche dafür hat. Also „mogelt" sie ein wenig mit einer Instantsoße, verwendet aber zum Ausgleich dafür Fleisch von guter Qualität und viel frisches Gemüse. Das Ergebnis ist ein Gericht, das „gesund" und „einfach" zuzubereiten ist und das ihre Familie gerne isst.

Ein weiterer Punkt ist, dass die Menschen dazu neigen, für Personen, denen sie nicht besonders nahestehen, aufwändigere Mahlzeiten zu kochen als für Freunde und Familie. Wenn es darum geht, wie man Essen an andere weitergeben könnte, ist das ein echtes Problem. Sadie teilt mir beispielsweise ganz explizit mit, dass sie immer als „Göttin von Heim und Küche" erscheinen möchte, wenn sie für jemanden kocht, der nicht zur Familie gehört. Ihre Familie hingegen habe längst akzeptiert, dass sie „nicht unbedingt Nigella Lawson" ist.[236] Peinlich ist

Sadie ihr Nudelauflauf natürlich nicht. Es ist eben ein ganz normales Gericht, wie sie es an einem ganz normalen Wochentag ihrer Familie vorsetzt.[237] Und doch ist ihr dieser Auflauf viel zu gewöhnlich, um ihn Außenstehenden zu servieren, denn er eignet sich schlichtweg nicht dafür, ihre Kochkünste zu präsentieren und zu zeigen, welchen Aufwand sie in ihrer Küche betreibt.

Worum es hier geht, ist das Potenzial von Nahrung, vermeintliche kulinarische Schwächen zu symbolisieren oder herauszustellen. Und das gilt nicht nur für bereits zubereitete Mahlzeiten, sondern sogar für Zutaten, die noch gar nicht verwendet wurden. Ein Beispiel: Chris und Faye wollen eine Woche in den Urlaub fahren und rufen mich spontan an, ob ich dabei sein möchte, wie sie vorher ihren Kühlschrank „aufräumen". Mittendrin schlägt Chris vor, sie könnten doch ein paar Dinge, die sie aussortieren, an andere Parteien in ihrem Mietshaus weitergeben. Faye nimmt ein Schmelzkäse-Dreieck in die eine Hand, ein paar Billigwürstchen aus dem Discounter in die andere, macht ein ungläubiges Gesicht und fragt Chris, ob er allen Ernstes wolle, dass alle Welt mitbekommt, „was für einen Mist" sie kaufen.

Hierbei sind zwei Dinge besonders interessant:

(1) Sogar Lebensmittel, die „roh" sind, in dem Sinne, dass sie nicht im Haushalt transformiert oder irgendwie behandelt worden sind[238], können ganz private Vorgänge im Haushalt repräsentieren.

(2) Die Sorge, dass man durch öffentliche Enthüllung der eigenen Ernährungsgewohnheiten Gefahr läuft, als allzu „schlicht" zu gelten, verhindert, dass man überschüssige „rohe" Lebensmittel weitergibt.

Ich habe bei den meisten meiner Befragten solche Bedenken rund um die eigene kulinarische Kompetenz und die soziale

Stellung beobachtet, und überall scheinen diese Bedenken die Wahrscheinlichkeit zu verringern, dass überschüssige Lebensmittel wieder in Umlauf gebracht werden.

Es geht aber auch andersherum: Manche Lebensmittel werden nicht weitergegeben, obwohl sie beileibe *kein* „Mist" wie Schmelzkäse-Dreieck und Billigwürstchen sind, sondern das genaue Gegenteil. Als Faye zum Beispiel bei einer anderen Gelegenheit ihren Küchenschrank aufräumt, kommt ein Glas Artischockenherzen in Olivenöl zum Vorschein. Sie sagt, sie habe es gekauft, weil sie dachte, das brauche man einfach, ständig käme dieses Produkt in Kochshows und in Lifestyle-Magazinen vor. Doch sie ahnt bereits, dass sie die Artischockenherzen nicht verwenden wird, denn sie hat keine Ahnung, wie sie diese zubereiten soll. Sie übersteigen die Anforderungen ihres Haushalts und sind demnach überschüssig. Aber natürlich sind sie keineswegs Ausschuss, denn das Glas ist ungeöffnet, und das Mindesthaltbarkeitsdatum liegt in weiter Ferne. Obendrein kann man davon ausgehen, dass sich jemand anderes über das Glas freuen und es auch verwenden würde. Dennoch möchte Faye es nicht verschenken, denn dann müsste sie öffentlich zugeben, dass sie nicht über die erforderlichen kulinarischen und kulturellen Fähigkeiten verfügt, um ein Gericht mit Artischockenherzen zu kochen.

Julia geht es ähnlich, und zwar dann, wenn sie Obst und Gemüse kauft und es am Ende doch nicht isst. Sie hat dann das Gefühl, sie sei „eine jener Frauen", die gerne gesunde Dinge einkaufen, dann aber stattdessen doch wieder „nur Mist essen". Doch als sie mir in einem unserer Gespräche von ihren Schuldgefühlen erzählt, die sie empfindet, wenn sie Essen wegwirft, gesteht sie, dass sie beispielsweise überschüssiges Obst und Gemüse, das noch „ganz gut" ist, nicht ihren Nachbarn gibt. Wenn sie das täte, hätte sie Angst, dass die anderen in ihr nur die „gierige, fette Kuh" sehen, die sich nicht richtig ernährt und nicht genug um ihre Familie kümmert.

Diese Beispiele zeigen, dass die Weitergabe von Lebensmitteln, die, wie man sagt, „noch gut sind", eine recht angstbesetzte Angelegenheit ist. Man fürchtet, dass dadurch die eigenen (wahrgenommenen) sozialen und kulinarischen Unzulänglichkeiten enthüllt werden. Bedenken dieser Art manifestieren
sich in mehreren Haushalten, die von mir untersucht werden,
immer wieder, und sie minimieren die Wahrscheinlichkeit, dass
noch essbare überschüssige Nahrung auf produktive Weise entsorgt wird – nämlich nicht über den Abfalleimer.

Zusammengefasst kann man sagen, dass Lebensmittel – vor
allem überschüssige Lebensmittel – quasi ein kulturelles „Gefahrgut" darstellen und dass diese Gefahr daher rührt, dass
diese Lebensmittel eigentlich für etwas ganz anderes stehen.[239]
In Kapitel 4 haben wir gesehen, wie überschüssige Nahrung als
Hinweis darauf gilt, dass jemand seinen Haushalt nicht im
Griff hat. Wir können nun (etwas allgemeiner) hinzufügen,
dass Lebensmittel eine materielle Repräsentation der im Haushalt herrschenden Beziehungen und Identitäten darstellen. Wer
überschüssige Lebensmittel durch Verschenken entsorgt – wodurch sie ja automatisch die eigenen vier Wände verlassen –, der
läuft Gefahr, diese ganz privaten Beziehungen und Identitäten
der Öffentlichkeit und ihren Kontrollmechanismen auszusetzen. In der relativen Sicherheit des eigenen Haushalts sind einfache Hausmannskost, nicht allzu raffinierte Genüsse und das
Unvermögen, „richtig" zu kochen oder „gute" Zutaten zu verwenden, durchaus zulässig bzw. verzeihlich; doch wenn es
darum geht, dass Außenstehende etwas davon mitbekommen,
scheinen die Haushalte, die an dieser Studie teilgenommen
haben, allesamt Vorbehalte zu haben.

Kehren wir noch einmal zu der Tatsache zurück, dass Lebensmittel schneller als andere überschüssige Objekte verderben und dann unwiderruflich zum Ausschuss zählen. Sobald
das der Fall ist, wird aus der kulturellen Gefährlichkeit von

Lebensmitteln eine durchaus reale Gefahr: Sie können andere Menschen krank machen. Damit überschüssige Lebensmittel problemlos von einem Haushalt zu einem anderen wechseln können, müssen sie sich zuerst aller Assoziationen und der Bedeutungen entledigen, mit der sie ab ihrem Kauf aufgeladen wurden[240]. Doch in der Zeit, die es braucht, diese Spuren vom ersten Verbrauchszyklus auszulöschen, damit ihr Leben verlängert werden kann, sorgen physikalische und mikrobielle Prozesse der Selbsttransformation möglicherweise bereits dafür, dass die betreffenden überschüssigen Lebensmittel gar nicht mehr zum Verzehr geeignet sind, bevor sie in andere Hände gelangen können. Diese Verschmelzung von physischer und sozialer „Verunreinigung" macht es viel wahrscheinlicher, dass die betreffende Nahrung über den Abfalleimer entsorgt wird (siehe Kapitel 6) anstatt wieder in Umlauf gebracht zu werden, indem man sie verschenkt.

Ich möchte hier nicht behaupten, dass kein Haushalt jemals überschüssiges Essen verschenkt; ich kann lediglich feststellen, dass dies im Rahmen meiner Studie äußerst selten vorkam. Eine nähere Untersuchung meiner Befragten und der betreffenden Lebensmittel bietet nützliche Erkenntnisse, warum dies so ist.

So scheint die Mehrheit der Haushalte kein Problem damit zu haben, Dosen, Gläser und Packungen haltbarer Lebensmittel aus ihrer Küche an Schulen oder Kirchen abzugeben, wenn dort Sammlungen für Bedürftige stattfinden, beispielsweise anlässlich des Erntedankfestes. Dies passt insofern zu meiner Analyse, als die Haushalte ihre Produkte hier anonym abgeben können[241]. So vermeiden sie das Risiko, dass der Empfänger ein falsches Bild von ihnen bekommt. Im Verlauf meiner Studie gab es lediglich einen einzigen Haushalt, in dem überschüssiges Essen ungehindert von einer Person zu einer anderen wechselte. Es ist der Haushalt von Caroline. Wie in Kapitel 5 erwähnt, wohnt sie in der Nähe ihrer Tochter und ihrer Schwiegertochter. Caroline hat kein Problem damit, dass von ihr zubereitete Gerichte ihr Haus verlassen; Abnehmer findet sie in einem etablierten Netzwerk von Verwandten. Allerdings passt auch dieser Fall wieder zu meiner Analyse. Tochter und Schwiegertochter stehen Caroline so nahe, dass sie keine Angst haben muss, Außenstehenden zu viel über ihre privaten Verhältnisse zu offenbaren. Sie erzählt mir nicht ohne Stolz, dass sie die Häuser ihrer Kinder als eine Art Erweiterung ihres eigenen Haushalts sieht, und genau das kann ich während der Studie auch selbst beobachten. Ständig kommt jemand aus der Familie unangemeldet vorbei, und ihre Angehörigen haben sich sogar Schlüssel für Carolines Haus nachmachen lassen. Dieses stetige Hin und Her von Menschen und Lebensmitteln ist allerdings überhaupt nicht typisch für die Haushalte, die mir begegnet sind. Und das deutet wiederum darauf hin, dass das Verschenken von Nahrung von kontextuellen Faktoren bestimmt wird – nicht zuletzt davon, wer dem engeren sozialen Umfeld angehört.

Ich vermute, dass zahlreiche meiner Leser sich gerade Gedanken darüber machen, wann sie das letzte Mal etwas zu Essen verschenkt oder geschenkt bekommen haben. Zum Beispiel ist das Verschenken von Gemüse, das man im eigenen Kleingarten gezogen hat, in Europa (vor allem auch in Großbritannien) ein ganz alltäglicher Vorgang[242]. Um solche Produkte geht es uns hier aber nicht, da diese Lebensmittel nicht zum eigenen Verzehr gekauft wurden – es handelt sich nicht um Überschuss im Haushalt, sondern um Überschuss in der Produktion, und dieses Thema übersteigt den Rahmen dieses Buches. Auch erzählen mir Freunde und Kollegen ständig, wie sie etwas, das sie gekocht haben, mit Nachbarn geteilt haben; gerade in Nordamerika heißt man Zugezogene oft und gerne mit etwas Selbstgekochtem oder Selbstgebackenem willkommen. Hier möchte ich indes zu bedenken geben, dass es ein Unterschied ist, ob man sein Essen mit anderen *teilt* bzw. jemanden bekocht oder ob man überschüssige Lebensmittel verschenkt, um sie *loszuwerden* und vor dem Abfalleimer zu bewahren. Allgemeiner gesagt: Wenn die Leute etwas zu essen verschenken, sind das meistens Lebensmittel, die sie eigens gebacken (Kuchen, Brot) oder anderweitig zubereitet haben (das Lieblingsrezept, die „Spezialität des Hauses"). Wer so etwas weitergibt, der hat keinerlei Bedenken, andere an seinen Koch- oder Backkünsten teilhaben zu lassen, gibt also nichts preis, was er gerne für sich behalten möchte.[243] All das ist weit entfernt von den Dingen, die ein Haushalt als Überschuss definiert und die am meisten Gefahr laufen, im Abfall zu landen, beispielsweise die Reste eines ganz normalen Abendessens unter der Woche oder eine halbvolle Konservendose, die wenig kulinarische Raffinesse offenbart.

Ein letzter Punkt: Wenn mir Freunde und Kollegen berichten, wann und wie sie etwas Essbares verschenkt oder geschenkt bekommen haben oder mit anderen geteilt haben, dann hängt dies sehr oft mit dem Standort zusammen. Entweder haben sie – wie Caroline – ihre eigenen Angehörigen um sich herum oder sie wohnen in einer Gegend, in der die Leute einen ganz besonderen Gemeinschaftssinn haben und/oder sich mehr als anderswo für die Umwelt engagieren. Dies unterstreicht meine These, dass einzelne Haushalte einen ganz unterschiedlichen Zugang zu dieser speziellen alternativen Möglichkeit haben, überschüssige Lebensmittel zu entsorgen.[244] Im Gegensatz dazu hat praktisch jeder – zumindest in Westeuropa – Zugang zu einer öffentlichen Infrastruktur, die Überschuss und Ausschuss einsammelt und in den Abfallstrom weiterleitet. Mein Argument lautet also: Im Gegensatz zum Fortwerfen funktioniert das Verschenken nicht so konsequent als Entsorgungsweg für überschüssige Lebensmittel, als dass es die vorgezeichnete Reise dieser Lebensmittel auf die Müllkippe auf wirksame Weise stören oder unterbrechen könnte. Dazu gibt es hier viel zu viele Unsicherheitsfaktoren, die allesamt die Möglichkeit beeinträchtigen, überschüssige Nahrung an andere Haushalte weiterzugeben. Das liegt nicht nur an den materiell-repräsentativen und relationalen Aspekten überschüssiger Lebensmittel, sondern auch daran, dass es beim Verschenken – anders als bei der herkömmlichen Entsorgung mittels Abfalleimer und Müllabfuhr – keine speziellen materiellen Elemente und keine besondere Infrastruktur gibt.

Reste essen

Nachdem wir erfahren haben, welche Schwierigkeiten es gibt, wenn überschüssige Lebensmittel das Haus verlassen sollen, geht es nun um die Wiederverwendung dieser Lebensmittel innerhalb des Haushalts selbst. Es gibt guten Grund zur Annahme, dass es hierbei weniger Probleme gibt. Auch wenn Gregson et al.[245] in britischen Haushalten eine „Ökonomie der Weitergabe" ausmachen[246] und auch andere Studien zeigen, dass die Aktivität, einen Haushalt mit Lebensmitteln zu versorgen, auf dem Prinzip des Schenkens beruht[247], so war das Abgeben und Verschenken überschüssiger Lebensmittel bei den von mir untersuchten Haushalten dennoch keine häufige Erscheinung. Das liegt natürlich daran, dass die Bewegungen *überschüssiger* Lebensmittel einer ganz anderen Logik folgen als den Bewegungen von Lebensmitteln, die (noch) nicht als Überschuss definiert werden[248].

Ein Teil des Problems mit überschüssigen Lebensmitteln ist, dass sie meist nicht dazu taugen, die ganze Familie satt zu bekommen (siehe Kapitel 3 und 4). Eines Morgens sitze ich zum Beispiel in Suzannes Küche, um mit ihr gemeinsam einzukaufen. Ich bin ein wenig früher da, als wir vereinbart hatten, und so werde ich unfreiwillig Zeuge, wie sie in aller Eile ihre Kinder für die Schule fertig macht.

Sie öffnet den Kühlschrank, um die Pausenbrote zu schmieren. Dann nimmt sie eine Tupperdose heraus, die Reste von der Mahlzeit am Abend zuvor enthält. Sie stellt sie jedoch sofort wieder weg, denn damit kann sie jetzt nichts anfangen. Stattdessen macht sie Sandwiches und steckt dann jedem Kind noch eine kleine Schachtel mit Rosinen, eine kleine Tüte Chips und einen Karton Saft in die Brotdose. Sie erklärt mir, das sei eine Kombination, die die Kinder „total gut finden", die aber auch sie akzeptabel findet, da sie „einigermaßen gesund" ist. Später, als wir zum Supermarkt fahren, frage ich sie nach der Tupperdose, und sie antwortet, sie möchte einfach nicht, dass ihre Kinder kalte Reste eines Nudelgerichts mit in die Schule nehmen. Wie würde das bitteschön aussehen? Außerdem hätten die anderen Kinder wahrscheinlich eine „ordentliche Brotdose" dabei. Dies ist ein wunderbares Beispiel dafür, wie sich Fürsorge und Zuneigung in der Bereitstellung von Nahrung materialisieren, und wie so oft haben wir es hier mit einem Balanceakt zu tun zwischen dem, was der Empfänger gerne isst, und dem Dogma, „richtig" zu essen.

Man denke nur an Anne Allisons klassische Analyse des Bentō[249] und der Art und Weise, wie Kindertagesstätten in Japan die gesellschaftlichen Normen rund um Lebensmittelzubereitung und Mutterschaft reproduzieren. Hier sind ähnliche Mechanismen am Werk. Zusätzlich macht sich Suzanne Sorgen darüber, wie es wirken könnte, wenn sie ihren Kindern Reste von heimischen Mahlzeiten mitgibt[250].

Es könnte zum Beispiel sein, dass ihre Kinder in der Schule ausgegrenzt werden oder dass jemand denken könnte, sie sei keine gute Mutter. Doch die Art und Weise, *wie* Suzanne an anderer Stelle in meiner Studie mit Resten umgegangen ist, hilft uns, diese Beobachtung in einen Kontext zu setzen, und dabei ergibt sich eine etwas andere Nuance: So war ich bei einer anderen Gelegenheit mit Suzanne in ihrer Küche. Sie will gerade das Abendessen für ihre Kinder kochen und diese sollen etwas anderes bekommen als Hühnerbrust und gedünstetes Gemüse, denn das hat sie für sich selbst zubereitet. Sie durchwühlt den Kühlschrank und nimmt schließlich eine Tupperdose mit den Resten des Wurstauflaufs vom Vorabend heraus. Sie erklärt mir, sie werde ihren Kindern nicht noch einmal diesen Auflauf vorsetzen. Für sie ist es ein Zeichen von „Faulheit" und generell „langweilig", zweimal nacheinander dasselbe zu essen. Also schlägt sie vor, etwas „Schnelles aus dem Gefrierschrank" zu kochen. Das sei sicherlich die bessere Option. Natürlich ist sie nicht weniger „faul", wenn sie ein TK-Gericht aufwärmt, und weniger „langweilig" ist es auch nicht unbedingt, aber Suzanne geht davon aus, dass ihre Kinder das eine als „neu" wahrnehmen und das andere als „alt". Diese Unterscheidung ist ihr sehr wichtig und das deutet darauf hin, dass eine Mahlzeit nur dann als Ausdruck von Fürsorge und Zuneigung gilt, wenn sie neu gekocht wird und man nicht einfach auf das zurückgreift, was bereits da ist. Zu dem Zeitpunkt, an dem sich *Nahrung* in *Überschuss* verwandelt, scheint das Potenzial der Mahlzeit, innerfamiliäre Fürsorge und Zuneigung auszudrücken, verschwunden zu sein, da die Mahlzeit bereits einen Verbrauchszyklus durchlaufen hat und dementsprechend „kontaminiert" ist. Am Ende landen die Reste vom Wurstauflauf im Abfalleimer. Folglich bestand für Suzanne zu keinem Zeitpunkt die Möglichkeit, diese Reste ihren Kindern zu servieren und so vor dem Abfallstrom zu bewahren.

Einer der Gründe dafür ist, dass Kinder immer öfter etwas anderes zu essen bekommen als die Erwachsenen in einem Haushalt. Dieser Trend steigert nicht nur zusätzlich die Überversorgung mit Lebensmitteln (siehe Kapitel 4), sondern er bedeutet auch, dass der Überschuss dessen, was die Erwachsenen essen, höchstwahrscheinlich nicht dadurch entsorgt wird, dass er auf den Tellern oder in der Brotdose der Kinder landet.

Diesen Gedanken kann man auch auf jene Dinge ausweiten, mit denen die Menschen ihre Haustiere füttern. In den Haushalten, die ich untersucht habe, bekommen die Haustiere ganz spezielles Futter, und sie bekommen nie dasselbe vorgesetzt wie die Menschen. Auch hier kommt wieder hinzu, dass sich Fürsorge und Zuneigung in der bereitgestellten Nahrung manifestieren; dies gilt nämlich auch für die Haustiere. Ein Beispiel: Als Natalie und ich gemeinsam im Supermarkt sind, kommen wir am Regal mit der Tiernahrung vorbei. Sie nimmt eine Dose mit Katzenfutter einer bestimmten Marke aus dem Regal, aber bevor sie sie in den Einkaufswagen legt, bemerkt sie, dass es die falsche Marke ist. Ihr Kater mag nämlich Fleisch in Gelee lieber als Fleisch in Soße. Sie erklärt weiter, seine Lieblingsmarke sei zu teuer, um sie ständig zu kaufen, nur zu Weihnachten bekomme er die. Als ich sie auf das Trockenfutter anspreche, sagt sie, das würde sie niemals kaufen, auch wenn es billiger sei und ihr Kater es mag. Denn sie glaube, es sei nicht gesund – vor allem für ein Tier, das schon älter und weniger aktiv sei.

Als wir vor der geradezu erstaunlichen Auswahl an Katzenfutter stehen, erzählt mir Natalie, wie pingelig ihr Kater sei und dass er bestimmte Marken nicht fresse, vor allem nicht die Eigenmarke vom Supermarkt. Es habe gar keinen Zweck, diese zu kaufen. Ihre Lösung ist, sich für ein „mittleres", nicht allzu teures Produkt zu entscheiden, von dem sie weiß, dass er es mag, und von dem sie glaubt, dass es „gut für ihn" ist.

Die viele Mühe, die sich Natalie damit macht, ihrer Katze genau die richtige Nahrung vorzusetzen, illustriert das Argument von Miller[251], dass unsere Beziehungen zu Dingen Ausdruck unserer Beziehungen zu anderen Menschen – und in diesem Fall sogar Tieren – sein kann. Es zeigt, wie wichtig Natalie ihr Kater ist, und es liefert uns einen Anhaltspunkt dafür, warum sie ihn nicht etwa mit überschüssigen Lebensmitteln aus ihrer Küche füttert.

Wie man weiß, gab man früher Tieren gerne überschüssige Nahrung[252]; dass Menschen ihre Fürsorge und Zuneigung Tieren gegenüber dadurch zum Ausdruck bringen, dass sie speziell hergestellte Tiernahrung kaufen, ist ein relativ neues Phänomen. Die Beziehungen zwischen Mensch und Tier im Licht der politischen Ökonomie der Tiernahrung wäre sicherlich ein spannendes Thema, über das man ein eigenes Buch schreiben könnte, an dieser Stelle übersteigt es leider den Rahmen dieses Bandes. Für uns ist hier nur wichtig, dass diese Entwicklung dazu führt, dass Haustiere – genau wie Kinder – nicht mehr wie früher als konsequenter Weg zum Verbrauch überschüssiger Nahrung zur Verfügung stehen und sie somit verhindern könnten, dass diese in den Abfallstrom gelangt. Dies kann man als zunehmende Spezialisierung in puncto Verbrauch interpretieren[253], die einerseits von einer Diversifizierung der Produkte herrührt (Tiernahrung, Lebensmittel speziell für Kinder), andererseits von herrschenden kulturellen Konventionen, welche Kompetenz (beim Kochen, als Eltern, bei der Haltung von Haustieren) mit einer bestimmten Ernährung gleichsetzen[254]. Insgesamt spiegeln sich die Unterschiede zwischen Mensch und Tier – oder auch Erwachsenen und Kindern – in der Infrastruktur wider, die bei der Bereitstellung verschiedener Lebensmittel bzw. deren Aneignung und Nutzung durch Privathaushalte zum Tragen kommt[255].

Ich behaupte keinesfalls – genau wie beim Verschenken überschüssiger Lebensmittel –, dass Haushalte überschüssige Lebensmittel *nie* auf diese Weise entsorgen. Im Rahmen ihrer Analyse des Verzehrs von Resten zubereiteter Speisen haben Benedetta Cappellini und Elizabeth Parsons beispielsweise gezeigt, wie sich hin und wieder alle Mitglieder eines Haushalts (auch die Kinder) versammeln, um gemeinsam überschüssiges Essen aufzuessen; zusammen bringen sie eine Art „kollektives Opfer", das die Familie enger zusammenschweißt. Allerdings widersprechen die Erkenntnisse meiner Studie der Analyse von Cappellini und Parsons nicht: Der wichtige Punkt ist, dass ein solcher gemeinsamer Konsum von Resten keine Selbstverständlichkeit darstellt und nicht regelmäßig stattfindet, sondern zum Beispiel an einem Samstagnachmittag, wenn zufällig alle Familienmitglieder anwesend sind, um sich daran zu beteiligen.

Wie dem auch sei: Kinder bekommen nicht regelmäßig und konsequent überschüssige Nahrung zu essen (vor allem dann nicht, wenn keine anderen Familienmitglieder anwesend sind, um dieses „Opfer" mit ihnen zu teilen), denn dies gilt als Zeichen mangelnder Fürsorge. Bei Haustieren ist es etwas anders. Da gibt es hin und wieder ein Stückchen Käse für die Katze, die wie aus dem Nichts in der Küche auftaucht, wenn dort Brote geschmiert werden, oder der Hund bekommt den Fettrand vom Schweinekotelett, auf den er während der gesamten Mahlzeit geduldig gewartet hat. Allerdings handelt es sich hierbei um kleine Leckereien oder Snacks, also bestenfalls um eine Ergänzung dessen, was das Tier normalerweise zu fressen bekommt. Ohne bestreiten zu wollen, dass viele Haushalte sehr kreative Möglichkeiten finden, das Leben überschüssiger Lebensmittel zu verlängern, müssen wir festhalten, dass die Wiederverwendung innerhalb des Haushalts problematisch ist. Genau wie beim Verschenken von Essbarem gibt es auch hier verschiedene Ausprägungen und Abstufungen. Als konsequenter, effektiver Weg, Nahrung vor dem Abfalleimer zu bewahren, taugt die Wiederverwendung überschüssiger Lebensmittel mithin nicht.

Kompost & Co.

Bislang habe ich in diesem Kapitel untersucht, welche Alternative es für die Entsorgung *überschüssiger* Nahrung gibt – also das, was den aktuellen Bedarf des Haushalts übersteigt, was man aber zumindest theoretisch immer noch einem Menschen (oder Tier, wie wir gesehen haben) zu essen geben könnte. In diesem Abschnitt soll es nun darum gehen, wie man *aussortierte* Nahrung – also den Ausschuss, der als *Nicht-Nahrung* definiert wird – vor dem Abfallstrom bewahren kann.

Essbarer bzw. ehemals essbarer Materie wohnt Leben inne. Sie hat das Potenzial zur Selbsttransformation. Das bedeutet, dass Nahrung immer noch auf eine andere Art und Weise nützlich sein kann. Das ist selbst dann der Fall, wenn sie nicht mehr als Nahrung gilt. Wenn der Ausschuss in Kompost verwandelt wird, ist dies eine durchaus produktive Möglichkeit, ihn zu entsorgen.[256] Das klingt nach einem ganz simplen Konzept, doch die Sache ist dann doch nicht so einfach. Das zeigt meine Feldforschung. Zunächst einmal haben viele meiner Befragten angegeben, zuhause Lebensmittel zu kompostieren sei etwas, das sie nicht tun würden. Natalie zum Beispiel hat eine Kollegin, die in einem Friseursalon in einer wohlhabenden Gegend etwas außerhalb von Manchester arbeitet, und Natalie sagt, so etwas täten nur Leute „wie sie", also Leute, die auf dem Land leben und ohnehin „etwas verrückt" sind[257]. Andere geben an, sie könnten sich schon vorstellen, zuhause Lebensmittel zu kompostieren, aber sie hätten in ihrer Küche einfach nicht genug Platz dafür. Ein Beispiel hierfür ist Nikki, die Anfang dreißig ist und zusammen mit ihrem Freund eine Zweizimmerwohnung in der Leopold Lane bewohnt. Zu einem recht frühen Zeitpunkt in meiner Studie – das System des Lebensmittel-Recyclings war noch nicht eingeführt worden –, saß ich in ihrer Wohnung und unterhielt mich mit ihr darüber, wie sie gerne die Menge an Lebensmitteln reduzieren würde, die sie wegwirft. Sie kommt selbst auf das Kompostieren zu sprechen, verwirft es als Möglichkeit aber gleich wieder und sagt, das würde bei ihr nicht funktionieren. Ich soll mir ihre Küche ansehen; sie weist mich darauf hin, dass sie dort ohne-

hin nicht viel Platz habe, und die bereits vorhandenen Abfall-
und Recyclingbehälter würden schon einen guten Teil des Plat-
zes einnehmen. Und an einem anderen Ort in der Wohnung
würde sie einen Behälter zum Sammeln kompostierbarer Materialien auf keinen Fall aufstellen, dieser würde ja irgendwann
anfangen zu riechen. Man beachte, dass diese Bedenken einige
der Einwände vorwegnehmen, die später bei mehreren Befragten aufkamen, als die Haushalte spezielle Biomüll-Abfalleimer
erhielten (siehe Kapitel 6).

Eines der eindrucksvollsten Beispiele dafür, dass die Kom-
postierung im eigenen Haushalt nicht dazu taugt, Ausschuss zu
entsorgen oder vor dem Abfallstrom zu bewahren, ist die Geschichte von Rachel und Paul. Beide sind Mitte zwanzig, sie ist
Lehrerin, er ist in der Ausbildung zum Sozialarbeiter. Sie wohnen zur Miete in einem Dreizimmer-Reihenhaus in der Rosewall Street. Rachel und Paul interessieren sich sehr für „grüne"
Themen und infolgedessen waren sie zunächst begeistert von
der Vorstellung, aus ihren weggeworfenen Lebensmitteln Kompost zu machen. Endlich gab es eine Verwendung für Dinge,
die vorher einfach so im Müll landeten, obwohl sie doch eigentlich zu schade dafür waren. Doch ihr Versuch, die Lebensmittel
zu kompostieren, war mit zahlreichen Problemen behaftet. So
wurde ihnen schnell klar, dass es nicht ausreicht, aussortierte
Lebensmittel in einen Eimer zu werfen und darauf zu warten,
dass daraus Kompost wird. Sie erfuhren, dass man noch Gar-
tenabfälle dazugeben muss, doch leider hatten sie keinen Zugang dazu. Wie in Manchester üblich, haben sie nur einen kleinen Hinterhof und keinen richtigen Garten, und das bisschen,
das bei ihren Topfpflanzen an „Grünabfällen" anfällt, reicht
nicht aus, um Kompost herzustellen.

Paul meint, sie könnten vielleicht mehr in ihrem Hinterhof
tun, um Abhilfe zu schaffen, stellt jedoch im nächsten Moment
fest, dass weder er noch Rachel „Fans von Gartenarbeit" sind

– das sei ja doch eher etwas für ältere Menschen oder zumindest Leute, die mehr Freizeit haben. Das führt uns zum zweiten großen Problem: Sie haben eigentlich gar keine Verwendung für Kompost. Rachel erzählt, sie hätten im Grunde „kompostiert um des Kompostierens willen" und hätten dann „herumgefragt", ob irgendjemand etwas von den Früchten ihrer Mühen abhaben wolle, aber schnell festgestellt, dass alle, die in ähnlichen Verhältnissen lebten wie sie selbst, genauso wenig Bedarf an Kompost hatten wie sie (und es zudem recht befremdlich fanden, dass sie jemand überhaupt so etwas fragte). Diejenigen mit einem Garten stellten entweder ohnehin ihren eigenen Kompost her oder hatten kein Interesse an dem qualitativ doch eher minderwertigen Kompost, den Paul und Rachel produzierten. Kurz: Sie wurden ihre kompostierten Lebensmittel nicht los, und am Ende ihrer Bemühungen landete alles im Müll. Um es noch einmal zu betonen: Ich möchte keinesfalls abstreiten, dass es Haushalte gibt, die aussortierte Lebensmittel kompostieren und damit eine erfolgreiche Alternative zur Entsorgung über den Abfallstrom gefunden haben. Es geht mir lediglich darum aufzuzeigen, dass diesem Prozess eine hohe Instabilität innewohnt und er nicht für alle gleich zugänglich ist.

Muss das wirklich weg?

Aussortierte Lebensmittel müssen nicht notwendigerweise eine komplette Transformation durchlaufen, um vor dem Abfallstrom bewahrt zu werden. Es ist durchaus denkbar, sie so umzufunktionieren, dass sie doch noch verzehrt werden können. In Kapitel 5 haben wir bereits gesehen, wie Nahrung, die „kurz davor" ist, zu verderben, aber immer noch essbar ist, aus der *Lücke* im Entsorgungsprozess zurückgewonnen und so verwendet werden kann, dass ihre mindere Qualität oder der nicht mehr allzu frische Geschmack verschleiert wird (indem man sie beispielsweise in eine Curry-Soße rührt). Einen ähnlichen Vorgang habe ich in mehreren Haushalten beobachtet, in denen man beispielsweise ein angeschimmeltes Stück Käse abschnitt und den Rest trotzdem weiteraß. Ganz anders Wez: Er findet einmal in seinem Kühlschrank eine angebrochene Packung mit Kartoffelkuchen. Zwei der noch übrigen vier Stücke sind leicht angeschimmelt, aber es wandern alle vier direkt in den Hausmüll. Er erklärt, sobald er irgendwo Schimmel finde, werde er das betreffende Produkt auf keinen Fall mehr essen. Seine Großeltern hätten noch von einem Laib Brot den Schimmel weggeschnitten und den Rest kurzerhand getoastet, doch er selbst habe es „zum Glück nicht nötig", verschimmelte Lebensmittel zu essen. Bei einer anderen Gelegenheit erzählt er mir, er komme aus einer relativ armen Familie und habe sich „hochgearbeitet" – dass er heute in der Lage ist, Lebensmittel kurzerhand wegzuwerfen, erweist sich für ihn somit als wichtiges Element sozialer Mobilität und als Ausdruck seiner gesellschaftlichen Stellung. Wie dieses Beispiel zeigt, ist es nicht immer ein Ausdruck von Zuneigung und Fürsorge, überschüssige oder aussortierte Lebensmittel nicht wiederzuverwenden; es kommen durchaus auch Fragen der Selbstidentität ins Spiel und der Wahrnehmung davon, wie der Umgang mit „kontaminierter" Nahrung und die soziale Stellung zusammenhängen[258].

Ich möchte an dieser Stelle noch einmal daran erinnern, dass das, was beim Verzehr zubereiteter Speisen übrig bleibt (was beispielsweise auf dem Teller zurückbleibt), dazu tendiert, direkt im Abfalleimer zu landen und gar nicht erst in die *Lücke* im Entsorgungsprozess gelangt. Merkwürdigerweise sind diese Lebensmittel fast immer komplett genießbar, doch ihr Status ist dermaßen beeinträchtigt, dass sie geradezu als „kontaminiert" gelten und somit eigentlich nur noch als Ausschuss infrage kommen.

Ein weiteres Beispiel: George, Anfang vierzig, ist Marketing-Manager und wohnt mit seiner Lebensgefährtin und ihren drei kleinen Kindern in der Leopold Lane. Einmal sitzen George und ich nach einem erfolgreich abgeschlossenen „formellen" Interview im Pub beim Bier. An einem der Nachbartische sitzen ein paar Leute, die etwas zu essen bestellt haben, und als sie fertig sind und gehen, stellen wir fest, dass keiner von ihnen seinen Teller leer gegessen hat. George sagt, das sei ja wohl eine echte Verschwendung von Lebensmitteln, und er denkt laut darüber nach, wie seltsam es sei, dass die meisten Leute es unangemessen – sogar ekelig – fänden, da hinüberzugehen und die Reste aufzuessen. Dann erinnert er sich daran, wie er vor Kurzem einen halben Hotdog gegessen hat, den seine Tochter auf ihrem Teller übrig gelassen hatte. Anlässlich eines Geburtstags gab es ein großes Grillfest mit Familie und Freunden, und George stand die ganze Zeit am Grill. Als er endlich dazu kam, sich selbst etwas auf den Teller zu tun, musste er mit knurrendem Magen feststellen, dass gar kein Fleisch mehr übrig war. Er erklärt, es hätten zwar diverse halb verzehrte Hotdogs und Hamburger herumgelegen, dass er aber auf keinen Fall einen davon gegessen hätte, weil sie „Kindern anderer Leute" gehörten. Und so wartete er geduldig ab, bis jemand aus seiner eigenen Familie etwas übrig ließ.

Im gleichen Atemzug weist mich George darauf hin, dass er normalerweise auch von seinen eigenen Kindern nicht die Reste essen würde, weil er das einfach nicht müsse. Wenn er und seine Familie zusammen essen, bekommt er in der Regel genug, um satt zu werden; er sei nicht so gefräßig, dass er mehr essen würde als das, was er zum Sattwerden braucht. Hier kommen wir zu der ganz generellen Frage, ob bzw. ab wann eine Nahrungsaufnahme, die den Kalorienverbrauch übersteigt, noch eine wirksame Strategie ist, um überschüssige Nahrung zu entsorgen. Ich möchte hier nur so viel dazu sagen, dass meine Befragten mit dieser Frage ganz unterschiedlich umgehen. Einige folgen dem Trend, ihre Selbstdisziplin in Sachen Ernährung dadurch unter Beweis zu stellen, dass sie ganz bewusst nicht alles essen, was ihnen vorgesetzt wird; für andere wiederum ist es fast eine Tugend, ihren Teller leer zu essen. Hierzu merkt George an, sein Stoffwechsel werde immer langsamer, je älter er werde; früher habe er stets versucht, „bloß nichts verkommen zu lassen", doch inzwischen teile er die Sorge vieler Männer mittleren Alters, bloß nicht „an der Hüfte anzusetzen". Die Verbindung zwischen exzessiver Ernährung und Adipositas aufzuzeigen und in den Kontext der Verschwendung von Lebensmitteln einzubinden, würde leider den Rahmen dieses Buches sprengen.[259]

Der entscheidende Punkt meiner Analyse in diesem Kapitel ist, dass keine der aufgezeigten Alternativen konsequent zu einer effektiven Entsorgung überschüssiger oder aussortierter Lebensmittel dienen kann. Sie unterliegen sozialen und semiotischen Faktoren, die sich ständig verändern, und diese Instabilität hilft zu erklären, warum überschüssige Nahrung in der Regel nach wie vor in den Abfallstrom gelangt. Die einzige Art der Entsorgung, die immer komplett verlässlich funktioniert, ist und bleibt diejenige über den Abfalleimer.

8
Fazit: Weniger Lebensmittel wegwerfen – aber wie?

Um zu erforschen, wie aus *Nahrung* am Ende *Abfall* wird, habe ich ganz normale Menschen zuhause besucht und ein Stück weit an ihrem Leben teilgenommen. In den Kapiteln 3 und 4 dieses Buches habe ich dargelegt, wie und wann Lebensmittel als *Überschuss* definiert werden; der Kern meiner dortigen Argumentation ist, dass die Art und Weise, *wie* das vor sich geht, aufgrund der kollektiven Entwicklung bestimmter Praktiken inzwischen zur Norm geworden ist. Dass wir über Lebensmittel verfügen, die wir nicht (mehr) benötigen, gehört einfach zu unserem Alltag dazu. In Kapitel 5 haben wir erfahren, was mit überschüssiger Nahrung geschieht, und festgestellt, dass – ganz gleich, was der Haushalt am Ende damit anstellt – der erste Schritt darin besteht, dass die betreffenden Lebensmittel in einer *Entsorgungs-Lücke* platziert werden. Meine Analyse legt nahe, dass viel passieren kann, während sich die Nahrung in dieser *Lücke* befindet, und dass diese keineswegs ein „Schwarzes Loch" ist, in dem überschüssige Lebensmittel unwiederbringlich verschwinden. Allerdings haben wir feststellen müssen, dass der Überschuss die *Lücke* mit überwältigender Mehrheit als Ausschuss verlässt und damit bereits auf dem besten Weg in den Abfallstrom ist. Um herauszufinden, warum das so ist, habe ich in den Kapiteln 6 und 7 die Funktionsweise der verschiedenen Entsorgungswege untersucht und dabei festgestellt, dass nur einer dieser Wege konsequent und stabil funktioniert, und zwar derjenige, über den überschüssige Nahrung auf der Müllkippe landet. Andere, alternative Entsorgungswege eignen sich nicht dazu, überschüssige und aussortierte Lebensmittel auf eine Weise zu versorgen, die sie effektiv vor dem Abfallstrom bewahrt.

In diesem letzten Kapitel möchte ich die bis hierher gewonnenen Erkenntnisse zusammenfassen und die Gelegenheit nutzen, um die Konzepte deutlicher herauszustellen und die Terminologie zu klären, die wir Sozialwissenschaftler verwenden, wenn wir uns mit der Verschwendung von Lebensmitteln im Haushalt beschäftigen. Ist das geschehen, werde ich ein neues Argument und eine eigene theoretische Position entwickeln und schließlich darlegen, wie man auf Basis all dessen, was ich in diesem Buch beschrieben und dargelegt habe, konkrete Maßnahmen und praktische Initiativen entwickeln kann, die dafür sorgen, dass weniger Lebensmittel im Abfall landen.

Zutaten für eine allgemeine Theorie zur Verschwendung von Lebensmitteln im Haushalt

Bevor ich aus dieser Analyse irgendwelche Theorien ableite, möchte ich noch einmal darauf hinweisen, dass all das, was ich hier beschrieben habe, auf einer relativ klein angelegten ethnographischen Studie städtischer Haushalte in einem bestimmten Gebiet in England fußt. Von daher kann und will ich gar nicht behaupten, dass meine Erkenntnisse allgemeingültig oder repräsentativ sind. Trotzdem kann meine Studie einen wichtigen ersten Schritt darstellen, wenn es darum geht, sich dem Problem der Lebensmittelverschwendung zu nähern, namentlich auf eine Weise, die aktuelle sozialwissenschaftliche Perspektiven in puncto Konsum im Privathaushalt, materieller Kultur und Alltagsleben berücksichtigt. Das gesammelte empirische Material und meine darauf aufbauende Analyse stellen die Basis für eine theoretische *Skizze* dar, die zu weiterer Forschung einlädt und neue, zusätzliche Perspektiven begrüßt. Durch meine Untersuchung der Prozesse und Praktiken, die *Nahrung* in *Abfall* verwandeln, hat sich herausgestellt, dass es hier eine ganze Reihe einzelner Schritte nachzuvollziehen gilt. Zukünftige Studien können hier gerne anknüpfen und diese Schritte eingehender erforschen. Das Diagramm in Abbildung 1 hat insofern eher programmatischen als endgültigen Charakter:

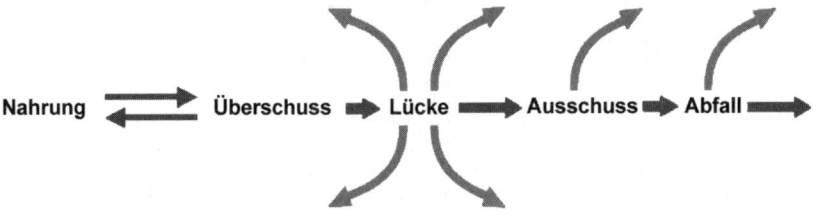

Das Erste, was bei diesem Diagramm ins Auge fällt, ist die lineare Bewegung von der *Nahrung* hin zum *Abfall*. Es ist mitnichten so, dass ich unidirektionale Modelle bevorzuge oder dass ich propagieren will, man solle nicht auch hin und wieder um die Ecke denken. Aber es ist nun einmal eine Tatsache, dass viele Lebensmittel – sowohl im Rahmen meiner Studie als auch in Haushalten generell – auf der Mülldeponie enden. Hier geht es mir eher um die Ursachen dafür. Im Kern suggeriert das Diagramm, dass man die Konzepte *Überschuss*, *Ausschuss* und *Abfall* voneinander trennen sollte. Oftmals werden diese Begriffe miteinander verwechselt oder synonym verwendet, doch wie meine Analyse gezeigt hat, bezeichnen die Begriffe *Überschuss* und *Ausschuss* hier zwei ganz unterschiedliche Kategorien, und *Abfall* bezieht sich auf den Ort, an dem diese Objekte schlimmstenfalls landen. Insofern ist *Abfall* nicht etwas, das man entsorgen will, sondern vielmehr die Folge davon, wie etwas entsorgt wird. Das bedeutet: Wenn man konzeptuell untersuchen will, *wie* und *wieso* im Haushalt Lebensmittel verschwendet werden, muss man sich darauf konzentrieren, wie aus *Nahrung* erst *Überschuss* wird, dann *Ausschuss* und schließlich *Abfall*.

Abbildung 1 zeigt aber auch, dass dieser Prozess durch eine *Lücke* unterbrochen wird, und die gebogenen Pfeile stehen für die unterschiedlichen Möglichkeiten, überschüssige Lebensmittel auf andere Weise zu entsorgen als über den Abfallstrom. Die Krümmung der Pfeile symbolisiert die Tatsache, dass bei den alternativen Entsorgungswegen diverse Unsicherheiten bestehen hinsichtlich der Richtung, die die überschüssige Nahrung einschlägt, sobald sie die *Lücke* verlassen hat. Der gebogene Pfeil über dem *Ausschuss* stellt einen weiteren möglichen Entsorgungsweg dar: Hier werden Lebensmittel, von denen der Haushalt glaubt, dass sie sich nicht mehr zum Verzehr eignen, transformiert und für etwas anderes verwendet. Außerdem signalisiert uns dieser Pfeil, dass selbst dann, wenn ein Haushalt etwas als *Nicht-Nahrung* kategorisiert, andere Leute unter Umständen ganz anderer Meinung sind – zum Beispiel Menschen, die darauf angewiesen sind, in Müllcontainern nach Essbarem zu suchen, das andere weggeworfen haben. Darauf verweist auch der gebogene Pfeil über dem *Abfall*; ganz allgemein zeigt er an, dass selbst das, was im Abfalleimer landet, noch anders entsorgt werden kann als über den Abfallstrom, beispielsweise als Biomüll oder Kompost.

Mein Diagramm (Abbildung 1) kann und soll einen nützlichen Rahmen für zukünftige Studien über die Verschwendung von Lebensmitteln im Haushalt bieten – auch wenn meine Darstellungen hier natürlich die spezifischen Gegebenheiten meines empirischen Materials widerspiegeln. Hier gilt es sicherlich noch zahlreiche Lücken zu füllen.

Zum Beispiel wäre es nützlich zu wissen, *wie* und *warum* (bzw. ob überhaupt) *Nahrung* in unterschiedlichen nationalen

Kontexten zu *Überschuss* wird. Das ist vor allem dort interessant, wo der Alltag und die Infrastruktur des Lebensmitteleinkaufs ganz anders strukturiert sind als hier dargestellt. Von Nutzen wäre es auch, empirische Instanzen zu erfassen, in denen alternative Entsorgungswege konsequenter und effektiver funktionieren und die tatsächlich dafür sorgen, überschüssige Lebensmittel vor der Mülldeponie zu bewahren. Lohnenswert wäre auch eine Untersuchung über die Frage, ob es irgendwo Rechtsvorschriften gibt, die zur Einführung eines Systems zum Recycling von Lebensmitteln geführt haben, das erfolgreicher ist, als es derzeit in Großbritannien der Fall ist. Das bereits erwähnte sogenannte „Containern", also das Durchsuchen von Müllcontainern nach Essbarem, steht bereits öfter im Fokus jener Forschung, die sich damit beschäftigt, was mit dem weggeworfenen *Ausschuss* geschieht[260]. In diesem Zusammenhang möchte ich aber noch[261] auf ein weiteres bislang kaum behandeltes Gebiet hinweisen, nämlich die Frage, wem der Müll eigentlich gehört, vor allem wenn er den Privathaushalt verlässt und in den öffentlichen Raum eintritt. Ganz allgemein sollte man außerdem dort weiterforschen, wo die hier angesprochenen Themen die Grenzen gesellschaftlicher Schichten und Ethnizität überschreiten, und genauer unter die Lupe nehmen, wie es bei verschiedenen Altersgruppen und an unterschiedlichen Standorten aussieht. So „durchschnittlich" die Teilnehmer meiner eigenen Studie auch waren – ich bin sicher, dass die Ergebnisse stark variieren würden, wenn man Menschen mit unterschiedlichen sozioökonomischen Voraussetzungen (meine Befragten waren eine relativ heterogene Gruppe: Familien der unteren Mittelschicht und junge Berufstätige), unterschiedlichem ethnischen und religiösen Hintergrund (die Mehrheit meiner Befragten waren weiß und – zumindest auf dem Papier – Christen) und an unterschiedlichen Standorten untersucht (meine Befragten lebten allesamt in der

Stadt, in ländlichen Gebieten geht man mit Lebensmitteln möglicherweise ganz anders um).

Kehren wir nun zu meiner eigenen Analyse zurück. Das oben gezeigte Diagramm können wir jetzt durch eine Reihe anderer Elemente ergänzen (Abbildung 2):

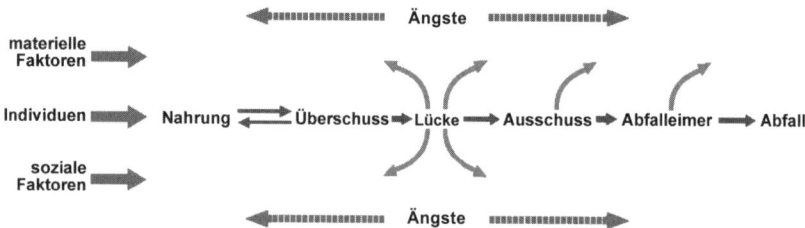

In diesem Buch habe ich mich immer wieder für einen Ansatz ausgesprochen, der sich nicht allzu sehr auf die einzelnen Personen konzentriert, die hier augenscheinlich dafür sorgen, dass *Nahrung* die verschiedenen Stufen durchläuft, die sie zu *Abfall* werden lässt. Zu diesem Zweck versuche ich in Abbildung 2 den größeren Kontext all dessen zu erfassen, was dabei geschieht. Der Übersichtlichkeit halber habe ich diese Kontextfaktoren in „materielle“ und „soziale Faktoren“ unterteilt – zugleich möchte ich aber anmerken, dass ich eine solche künstliche Unterscheidung auf intellektueller Ebene für kaum angemessen und zutiefst problematisch halte. Dass ich sie trotzdem vornehme, liegt daran, dass einige dieser Kontextfaktoren nicht-menschlicher Natur sind (z. B. Abfalleimer, Haushaltstechnik, Lebensmittelverpackungen und Mikroben), während andere in dem Sinne „sozial"[262] sind, dass sie sich nur auf eine Person beschränken (z. B. Geschmack, Konventionen, Zeit, die Beziehung zu Angehörigen). Das Diagramm signalisiert aber auch, dass hier bestimmte Ängste vorherrschen, die die Prozesse begleiten. An diesem Punkt möchte ich kurz innehalten, um mich ein wenig eingehender mit diesen Ängsten zu befassen und darzustellen, wie hier der aktuelle Forschungsstand aussieht.

Ängste und Sorgen

Die jüngsten Veröffentlichungen von Peter Jackson und seinen Kollegen[263] vertreten einen Ansatz, der in der Angst mehr sieht als eine Persönlichkeitsstörung oder das Problem einzelner Individuen; stattdessen verorten sie die Angst „im Sozialen"[264] und analysieren sie entsprechend. Sie stützen sich dabei auf eine ganze Reihe Sozialtheoretiker und Philosophen – von Heidegger und Kierkegaard über Deleuze bis Badiou. Zwei ihrer Inspirationsquellen sind dabei besonders bemerkenswert: Erstens bauen sie auf Iain Wilkinsons Behauptung auf, Ängste müsse man als „Folge sozialer Notlagen und kultureller Widersprüche [sehen], innerhalb derer die Menschen gezwungen sind, ihren Alltag zu verbringen"[265]. Zweitens richten sie ihre Beschreibung von Angst ganz explizit an bestimmten Praxistheorien aus (siehe Kapitel 2). Das sieht man sehr schön an folgendem Standpunkt:

> Angst ist keine freischwebende geistige Aktivität, sie wird verkörpert in bestimmten (oftmals komplexen) Taten und Worten. Ängste sind in uns, sie sind ein sozialer Faktor, haben einen bestimmten Zweck und werden praktiziert. Wie andere soziale Praktiken auch sind sie stark routiniert und haben einen kollektiv-konventionellen Charakter.[266]

Diese Aussage ist nicht nur an sich bereits theoretisch bedeutsam, Jackson und Everts nutzen sie zudem, um Ängste und Sorgen der Verbraucher rund ums Essen zu analysieren – sozusagen eine Steilvorlage für unser Thema.

Wenn ich sage, dass Ängste die beschriebenen Prozesse begleiten, die zur Lebensmittelverschwendung führen, dann meine ich damit mehrere Dinge. Auf ganz grundlegender Ebene machen sich Haushalte Sorgen darüber, dass sie überhaupt Essbares wegwerfen. Gleichzeitig verhandeln sie jedoch eine ganze Reihe komplexer und widersprüchlicher Ängste rund um Lebensmittelsicherheit, Herkunft, gesunde Ernährung, „richtiges" Essen oder Kalorienaufnahme; vieles davon spielt eine Rolle, wenn Nahrung in den Abfallstrom gelangt. Man darf außerdem die Wechselwirkungen der Ängste ums Thema Ernährung mit anderen Sorgen und Bedenken[267] nicht vergessen, zum Beispiel mit der Angst, sich nicht genug um sich selbst und seine Angehörigen zu kümmern. Außerdem spielen erwiesenermaßen auch Fragen der Gesellschaftsschicht, der Identität und der sozialen Stellung eine Rolle, wenn aus *Nahrung Abfall* wird.

Das bedeutet natürlich nicht automatisch, dass alle Haushalte ständig in einem Zustand der Angst leben. Allerdings sollte man auch beachten, dass die Abwesenheit empirisch beobachtbarer Ängste nicht notwendigerweise bedeutet, dass solche Ängste keinerlei Einfluss darauf haben, wie wir alle unser tägliches Leben gestalten. Laut Peter Jackson und seinen Kollegen sind Ängste soziale Kräfte, die sich in kollektiven Mustern und Praktiken des Konsums institutionalisieren und zur Routine werden. Sie vertreten die Ansicht, dass bestimmte mit der Nahrungsaufnahme in Verbindung stehende Sorgen, wenn sie die Runde machen (wie die Angst vor der Vogelgrippe), den normalen Ablauf des täglichen Lebens so stören können, dass sie subjektiv als Angstgefühl erlebt werden. Doch als Reaktion auf dieses Angstgefühl entwickeln wir bestimmte Strategien und Taktiken, die bald ein Teil unserer Abläufe im Haushalt werden, ohne dass wir uns dessen allzu sehr bewusst wären oder uns darüber viele Gedanken machen würden. Im Endeffekt wird die Angst so verdrängt und in Routinetätigkeiten inkorporiert. Zum Beispiel können wir die überwältigende Tendenz

der Haushalte, überschüssige Lebensmittel nicht sofort wegzuwerfen, sondern erst noch eine Weile aufzubewahren, als ganz
normale Vorgehensweise interpretieren; dabei ist sie im Grunde
eine Reaktion auf die Angst davor, Essbares zu verschwenden.
Haushaltstechnologien wie Kühlschrank und Tupperware tragen ihren Teil dazu bei.

Jackson und seine Kollegen bestreiten nicht, dass Ängste ganz
subjektive Erfahrungen des Individuums sind, doch sie suggerieren, dass man solche Ängste stets in Beziehung zu anderen
Faktoren definieren muss, da sie ihre Ursachen bei einer ganzen
Reihe von Akteuren und einer Vielzahl von Skalen haben – und
sich auf diese wiederum auswirken. Um das Vorhandensein von
solchen wenig greifbaren Phänomenen nachzuweisen, schlagen
sie eine analytische Strategie vor, bei der die Konturen von
Ängsten „nachgezeichnet" werden, „die innerhalb der Gesellschaft zirkulieren und vermittelt werden"[268]. Dies lädt geradezu
dazu ein, sich Gedanken darüber zu machen, wie (und von
wem) solche Ängste generiert, verkörpert und übertragen werden und welche Maßnahmen getroffen werden können (seitens
der Verbraucher, aber auch des Gesetzgebers), um diesen Ängsten zu begegnen. Von besonderer Bedeutung ist dabei die Theorie, dass soziale Ängste gerade den Moralaposteln Auftrieb
geben. Genau das lässt sich nämlich momentan bei diversen öffentlichen Kampagnen beobachten, die versuchen, die Ängste
der Bevölkerung noch vorsätzlich zu schüren[269].

Dass bei den Menschen Ängste rund um die Lebensmittelverschwendung zirkulieren, kann man immer und überall beobachten, und man merkt auch schnell, wie im Zuge dessen die
Reduzierung der individuellen Abfallmenge zu einem morali-
schen Gebot erhoben wird (siehe auch Kapitel 1 und 2). Tatsächlich tragen derzeit zahlreiche Akteure aus Politik und Organisationen des sogenannten Dritten Sektors, aber auch Personen aus dem Lebensmittelhandel und sogar Promi-Köche mehr

oder weniger bewusst dazu bei, dass bei den Verbrauchern immer mehr Ängste rund um die Themen „Essen" und vor allem „Abfall" entstehen. Dazu können jedoch auch Fernsehbilder von riesigen Mengen verrottender Lebensmittel beitragen, die Wortwahl bei der Berichterstattung über Skandale und Krisen, aber auch die bloßen Zahlen und Fakten rund um die finanziellen Kosten der Lebensmittelverschwendung – zumal solche Zahlen und Fakten gerne so dargestellt werden, als seien sie für den einzelnen Haushalt von großer Bedeutung. Die Befindlichkeiten einzelner Regionen und bestimmter gesellschaftlicher Schichten sind ein nicht zu unterschätzender Faktor. Während ich diese Zeilen schreibe, wird gerade der britische Starkoch Jamie Oliver an den Pranger gestellt, weil er versucht, das Problem der Verschwendung von Nahrung auf eine Art und Weise anzugehen, die viele seiner Landsleute vor den Kopf stößt. Dabei tritt er lediglich dafür ein, dass die Verbraucher mehr „missgestaltetes Gemüse" kaufen, welches die Supermärkte in großem Stil aussortieren und wegwerfen.

Selbst wenn wir einmal das Argument beiseitelassen, dass die Panikmache zur Entfremdung führt und ganz allgemein das Mitgefühl sinken lässt[270], so ist es doch wichtig zu erkennen, dass diese Art der emotionalen Kommunikation mit Privathaushalten und Verbrauchern meist überhaupt nicht den gewünschten Effekt hat. Milne und Kollegen weisen darauf hin, dass diese Strategien die Menschen *aktivieren* anstatt sie *anzuleiten*, und das hat unvorhersehbare Folgen"[271]. Das bedeutet: Wenn die Verbraucher subjektiv ein Moment sozialer Angst erleben, das ihre übliche Routine stört, gibt es keine Garantie dafür, dass sie ihre gewohnten Abläufe so ändern, dass es die gewünschten Konsequenzen hat. Wie ich in Kapitel 4 deutlich gemacht habe, können solche Bemühungen sogar das glatte Gegenteil bewirken. Ganz allgemein können wir festhalten: Die aktuellen Ansätze, die dafür sorgen sollen, dass weniger Lebensmittel verschwendet werden, sind allesamt suboptimal. Selbstverständlich kann ich das nicht einfach so in den Raum stellen, ohne eine Alternative anzubieten. Und genau das werde ich im Folgenden tun.

Abfall reduzieren – weniger verschwenden!

Ich habe allerdings nicht die Absicht, hier konkrete Handlungsanweisungen auszusprechen, wie ein einzelner Haushalt die Menge weggeworfener Lebensmittel reduzieren kann. Stattdessen möchte ich aufzeigen, wie der Diskurs in der Abfallpolitik und -forschung neu ausgerichtet werden sollte, um sozialwissenschaftlichen Erkenntnissen zum Konsum im Privathaushalt, zur materiellen Kultur und zum Alltag allgemein Rechnung zu tragen. Als ersten Schritt möchte ich ein paar weiter oben ausgeführte Argumente und Erkenntnisse zusammenfassen, die für eine Politik relevant sein können, die das Ziel verfolgt, die Menge weggeworfener Lebensmittel zu reduzieren.

Mein erster Punkt: *Nahrung* wird zu *Abfall* durch einen komplexen und angstbesetzten Prozess[272]. Insofern sollte man nicht in die Falle tappen, den konkreten und messbaren Akt des Wegwerfens als Beweis dafür anzusehen, dass Haushalte einfach so massenweise Lebensmittel wegwerfen, ohne sich Gedanken darum zu machen. Es bedeutet aber auch, dass eine ganze Menge „hinter den Kulissen" geschieht, bis die Nahrung im Abfalleimer landet.

Damit kommen wir zu meinem zweiten Argument: Es sind gar nicht unbedingt abfallspezifische Verhaltensweisen, die dazu führen, dass Lebensmittel im Abfallstrom landen. Das klingt zunächst einmal ziemlich unlogisch – worauf ich hinaus will ist, dass der reine Akt, Lebensmittel in den Abfalleimer zu werfen, für einen Haushalt sehr wenig mit irgendeiner individuellen Einstellung bzw. Haltung zum Thema „Abfall" zu tun hat. Viele Ansätze, die an dieser Stelle das Verhalten der Verbraucher verändern wollen, lassen die Tatsache außen vor, dass *Abfall* eine Folge anderer – oftmals ganz unabhängiger – Einflüsse ist. Wie ich bereits gezeigt habe, liegen der Lebensmittelverschwendung viele verschiedene Faktoren zugrunde – vom Zwang, dem sich manche Menschen ausgesetzt fühlen, bestimmte Lebensmittel zu kaufen, über die Fürsorge für die Familie bis hin zu den zeitlichen Zwängen, denen ein Haushalt unterliegt. Im Wegwerfen von Lebensmitteln zeigt sich vor allem, wie sich diese und noch weitere Faktoren überschneiden und wie der einzelne Haushalt mit ihnen umgeht. Insofern sollten ernsthafte Bemühungen, die Verschwendung von Lebensmitteln einzudämmen, bei bestimmten Verhaltensweisen ansetzen, die auf den ersten Blick gar nicht allzu viel mit dem Wegwerfen dieser Lebensmittel zu tun haben. Man könnte beispielsweise beim Einkaufen ansetzen. Wenn man hier ein paar Parameter verändert, würde sich das direkt darauf auswirken, wie viel weggeworfen wird, ohne dass man am „Wegwerfverhalten" an sich irgendetwas ändern müsste. Das Gleiche gilt für antrainierte Verhaltensweisen in den Bereichen *Mobilität, Wohnen* und *Fürsorge für andere* – hier könnte man überall ansetzen, um dafür zu sorgen, dass weniger Essbares im Müll landet.

Mein drittes Argument ist eines, das bereits Catherine Alexander und ihre Kollegen vorgebracht haben, dass nämlich „nicht jeder Akt der Verschwendung *in* einem Haushalt *vom* einzelnen Verbraucher verursacht wird"[273]. Soll heißen: Die Ursachen dafür, dass jemand Lebensmittel wegwirft, können bereits früher in der Nahrungskette auftreten. Man sollte also die Verantwortung dafür nicht lediglich dort suchen, wo der Abfalleimer steht. Das beste Beispiel hierfür sind diejenigen Praktiken in der Lebensmittelindustrie und speziell im Einzelhandel, die das Problem der überschüssigen Lebensmittel auf die Haushalte abwälzen, indem sie beispielsweise zu große Packungen verkaufen.[274]

Zusammengenommen bringen mich diese drei Punkte zur Überzeugung, dass Maßnahmen zur Abfallreduzierung *allen* unterschiedlichen Faktoren Rechnung tragen müssen, die dem Verzehr von Lebensmitteln, der Organisation des täglichen Lebens und der Art und Weise, wie wir mit Konsumgütern umgehen, zugrunde liegen – also wirtschaftlichen, politischen, materiellen, institutionellen, sozialen und kulturellen Faktoren. Im Folgenden möchte ich eine Reihe von Ideen darlegen, die sich ganz logisch aus meiner Darstellung ergeben, *warum* Haushalte überhaupt Lebensmittel wegwerfen. Ich will weder behaupten, dass meine Vorschläge komplett neu sind, noch will ich behaupten, dass sie überhaupt durchführbar sind. Vielmehr sollte der Leser meine Ausführungen als Gedankenexperimente interpretieren, die dazu dienen sollen – aus meiner theoretischen Position zum Thema Lebensmittelverschwendung heraus –, konkrete Mechanismen und Ansätze zu entwickeln.

Ganz allgemein gilt: Wer die Menge dessen, was die Menschen wegwerfen, reduzieren will, der muss Abfall entweder *vermeiden* oder *umleiten*[275]. Auf meinen theoretischen Ansatz übertragen bedeutet das, dass Initiativen, die die Lebensmittelverschwendung im Haushalt reduzieren wollen, entweder *verhindern* müssen, dass der Haushalt mehr Lebensmittel einkauft, als er benötigt, oder dafür sorgen müssen, dass überschüssige Lebensmittel so *umgelenkt* werden, dass sie nicht im Abfallstrom landen. Die besten Ergebnisse – in ökologischer und in sozialer Hinsicht – dürften Maßnahmen bringen, denen es gelingt zu verhindern, dass es überhaupt zu einem Überschuss kommt. Allein die Treibhausgas-Emissionen, die bei der Herstellung von Lebensmitteln anfallen, die am Ende als Überschuss definiert werden, stellen ein großes Problem dar, und dieses Problem bleibt auch dann bestehen, wenn der Überschuss erfolgreich umgelenkt und so aus dem Abfallstrom herausgehalten wird.[276] Leider werden Bemühungen, die Produktion und den Erwerb von Lebensmitteln, die den Bedarf übersteigen, zu regulieren, regelmäßig durch strukturelle Barrieren und die allgemeine Trägheit des Systems ausgebremst. Initiativen, die den Überschuss vor dem Abfallstrom retten wollen, sind in der Regel erfolgversprechender; leider haben sie letztlich aber auch keinen so großen Effekt. Insofern sollte sich die Abfallpolitik um Strategien bemühen, die beides miteinander kombinieren: das Vermeiden oder Umleiten von Abfall.[277]

Was die Gründe betrifft, warum *Nahrung* zu *Überschuss* wird, haben sich zwei Punkte herauskristallisiert:

(1) Eine übereinstimmende Definition dessen, was es bedeutet, „richtig" zu essen, trägt dazu bei, dass Bedingungen entstehen, unter denen Lebensmittel Gefahr laufen, weggeworfen zu werden.

(2) Nahrung – auch und gerade „richtiges" Essen – wird derzeit häufig in Packungsgrößen angeboten, die über das hinausgehen, was ein Haushalt aufzubrauchen in der Lage ist.

Aus diesen Erkenntnissen ergibt sich ein ganz klarer Ansatzpunkt: Die Lebensmittelindustrie sollte die Art und Weise ändern, wie dem Privathaushalt frisches Gemüse zum Erwerb angeboten wird. Mein Vorschlag wäre, mehr Packungen mit gemischtem Gemüse[278] anzubieten, so dass ein Haushalt eine „richtige" Mahlzeit kochen kann, ohne dass verderbliche Zutaten übrig bleiben, die eventuell im Abfalleimer enden. Wenn das Gemüse dann auch noch bereits geschnitten und geputzt ist, kann es einem Haushalt jenen Zeitdruck nehmen, dem sich viele ausgesetzt sehen. Ein zusätzlicher Vorteil dabei wäre, dass der Supermarkt in dieser Form auch ästhetisch weniger ansprechende Exemplare von Obst und Gemüse verkaufen könnte (so ließe sich bereits an diesem Punkt der Nahrungskette Abfall vermeiden). Ein mögliches Problem dabei ist jedoch, dass Verbraucher möglicherweise solche Packungen mit Gemüse, die bereits für die weitere Verarbeitung vorbereitet sind, als „mogeln" ansehen. An dieser Stelle wäre also ein allgemeines Umdenken nötig im Hinblick auf die Frage, was „richtiges" Essen eigentlich ausmacht.

Auch wenn es alles andere als einfach ist, Initiativen zu entwickeln, die dazu taugen, solche kollektiven Konventionen zu verändern, so möchte ich an dieser Stelle schon einmal aufzählen, welche unterschiedlichen Akteure dabei eine Rolle spielen. Nehmen wir beispielsweise den Lebensmittel-Einzelhandel: Die einzelnen Märkte und Ketten sowie ihre Lieferanten müssten sich zusammenschließen, um zu gewährleisten, dass geeignete Produkte flächendeckend angeboten werden. Manchmal findet man bereits heute Packungen mit gemischtem Gemüse, zumindest in Deutschland beschränkt sich dies aber auf das sogenannte Suppengrün (oder Suppengemüse), das in der Regel aus Karotten, Porree, Knollensellerie und Petersilie besteht – eine Mischung, die man als Grundstock für Suppen oder als Röstgemüse verwenden kann. Hier müsste es eine größere Vielfalt geben mit Packungen beispielsweise speziell für Thai-Curry, für Wokgerichte oder für die italienische Küche. Begleitend könnte der Lebensmittel-Einzelhandel dann Produkte wie Instant-Soßen, Kräuter- und Gewürzmischungen oder Dosentomaten platzieren, um zu signalisieren, dass das eine gut zum anderen passt.

Eine wichtige Rolle könnten auch kulturelle Vermittler spielen, zum Beispiel bekannte Fernsehköche, die ein breites Publikum erreichen und neue Vorstellungen darüber in Umlauf bringen könnten, was es bedeutet, „richtig" zu kochen und zu essen. Wenn man Pakete mit gemischtem Gemüse bewirbt, indem man dazu Rezeptkarten verteilt und eine begleitende Kampagne fährt, bei der glaubwürdige Köche bestätigen, dass gerade die vielbeschäftigten Menschen von heute mit dem Inhalt dieser Pakete „richtig" kochen können, dann käme bald auch niemand mehr auf die Idee, dass man „mogelt", wenn man vorsortiertes und vielleicht auch bereits geputztes Gemüse benutzt. Daneben sollten auch Nichtregierungsorganisationen (NGOs) und Vertreter des Dritten Sektors (Kulturorganisationen, Wohlfahrtsverbände, Sportvereine, Stiftungen) eine solche Kampagne unterstützen.

Auch wenn ich hier ein ziemlich spezielles Beispiel beschrieben habe, so lädt es doch dazu ein, sich Gedanken über Packungsgrößen zu machen, über gemeinsame Definitionen „richtigen" Essens, über die Beziehung zwischen den verschiedenen Faktoren, die den Müllberg wachsen lassen, und über die Rolle verschiedener Akteure und Organisationen, die man mit einbeziehen könnte.

Ein anderer – sicherlich ein wenig radikalerer – Ansatz ist es, sich darüber Gedanken zu machen, wie, wo und wann wir unsere Mahlzeiten zu uns nehmen. In vielen Teilen der Welt ist es üblich, die Hauptmahlzeit des Tages am Abend einzunehmen – und zwar in den eigenen vier Wänden. Wenn man diesen Umstand dahingehend ändern könnte, dass die Menschen ihre Hauptmahlzeit mittags einnehmen und dass diese Mahlzeit außerhalb ihres Haushalts bereitgestellt und verzehrt wird, so könnte dies einen Großteil des Drucks lindern, der momentan auf vielen Menschen lastet (fehlende Zeit, widersprüchliche soziale Ängste). Auch die routinemäßige Überversorgung von Haushalten mit verderblichen Waren könnte man dadurch bekämpfen. Natürlich ließe sich eine so tiefgreifende Veränderung nicht von heute auf morgen durchsetzen, aber durch gezielte Subvention von Werkskantinen oder Schulessen könnte man hier bereits eine Menge bewerkstelligen.

In Finnland beispielsweise gibt es bereits Anstrengungen, mit eben diesem Ansatz dafür zu sorgen, dass sich die Bevölkerung gesünder ernährt. Eine solche Initiative muss von der Regierung ausgehen; sie setzt aber voraus, dass sich Arbeitgeber genauso nachhaltig daran beteiligen wie Schulen, Kindertagesstätten und andere öffentliche Einrichtungen. Und es müssten genügend Menschen positiv auf die Initiative reagieren und ihre Essgewohnheiten ändern, damit es in Sachen Abfallvermeidung signifikante und dauerhafte Konsequenzen hat.

Es ist alles andere als selbstverständlich, dass die Verbraucher auf eine solche Initiative kollektiv so reagieren, wie es sich die Initiatoren erhoffen. Ein Teil des Problems sind die bestehenden kulturellen Strukturen, in denen neue Verhaltensweisen verankert werden müssten. Dort, wo man zum Beispiel der gemeinsamen Mahlzeit mit der Familie am heimischen Esstisch einen hohen symbolischen Wert beimisst, wird man Maßnahmen, die gegen solche tief verwurzelten Ideale anzukämpfen scheinen, ziemlich sicher mit einigem Widerstand begegnen. Bevor man versucht, eine solche Initiative umzusetzen, sollte man sich daher vielleicht zunächst um programmatische Maßnahmen bemühen, die sich mit einigen dieser möglichen Knackpunkte befassen. Man könnte beispielsweise argumentieren, dass das Rauchverbot in deutschen Gaststätten deshalb so erfolgreich war, weil ihm diverse Maßnahmen vorausgingen (z. B. öffentliche Gesundheitskampagnen, höhere Tabaksteuer, Nichtraucherschutzgesetze) und es ohne diese Maßnahmen nicht so reibungslos über die Bühne gegangen wäre. An diesem Beispiel sieht man, was für eine wichtige Rolle die Politik spielt, wenn es darum geht, eine Agenda festzulegen, um die verschiedenen Akteure zu koordinieren und um vorbereitende wie auch begleitende Maßnahmen zu finanzieren[279].

Wenden wir uns nun Initiativen zu, die versuchen, aussortierte Lebensmittel so umzulenken, dass sie nicht im Abfallstrom enden. Vor allem solche Maßnahmen sind es, die derzeit im Fokus der Politik zu liegen scheinen. Wie in Kapitel 6 beschrieben, scheinen Lebensmittel-Recyclingsysteme – zumindest auf den ersten Blick – durchaus eine Lösung für einige der in diesem Buch beschriebenen Probleme zu sein. Allerdings habe ich bereits darauf hingewiesen, dass Haushalte nicht ohne Weiteres bereit sind, sich einen Abfalleimer für Biomüll in die Küche zu stellen und in ihre täglichen Abläufe zu integrieren. Zu diesem Ergebnis kommen auch Metcalfe et al. und sie haben einen Lösungsvorschlag:

> Eine Lösung wäre, verschiedene Biomüll-Abfalleimer anzubieten, mit unterschiedlicher Größe, Form und Farbe […]. Etwas flexibler damit umzugehen, wie diese Abfalleimer gestaltet werden, […] würde den Leuten die Möglichkeit geben, mit einigen diesbezüglichen Problemen besser fertig zu werden.[280]

Ich schließe mich diesem Vorschlag voll und ganz an. Damit er funktioniert, braucht es gemeinschaftlich genutzte Einrichtungen für das Lebensmittel-Recycling, die sich außerhalb der Privathaushalte befinden und in die man seine kleineren Abfallbehälter jederzeit entleeren kann. Zumindest in Deutschland hat man dieses Problem mit den inzwischen flächendeckend eingesetzten Biotonnen recht gut gelöst. Diverse Schwierigkeiten in Sachen Platzmangel, Terminplanung, Ästhetik und Ekel[281] können so überwunden werden. Ähnlich verhält es sich mit nachbarschaftlich genutzten Kompostsystemen: Eine solche Einrichtung, die beispielsweise dort denkbar wäre, wo es Gemeinschaftsgärten gibt, könnte einige Hindernisse beseitigen, denen sich ein einzelner Haushalt gegenübersieht, wenn er versucht, auf eigene Faust Kompost herzustellen.

An dieser Stelle muss ich allerdings auf ein potenzielles Risiko hinweisen, das entsteht, wenn man aussortierte Nahrung erfolgreich vor dem Abfallstrom bewahrt: Wenn die Haushalte wissen, dass überschüssige Lebensmittel am Ende recycelt oder kompostiert werden, könnte sie das zur Annahme verleiten, sie hätten ihren Teil dazu beigetragen, dem Problem der Lebensmittelverschwendung zu begegnen. Es könnte sein, dass sie entsprechend weniger Anstrengungen unternehmen, bereits den Kauf überschüssiger Lebensmittel zu vermeiden. Gleiches gilt für die verschiedenen Maßstäbe, die bei der Abfallpolitik angelegt werden. Zum Beispiel gelten Biogasanlagen, in denen biologisch abbaubare Abfälle und Speisereste durch Vergärung in Energie umgewandelt werden, in der Regel als effektives Mittel, um die Verschwendung von Lebensmitteln zu bekämpfen – und das durchaus aus gutem Grund. Doch gegen das Phänomen, dass Menschen mehr Nahrung kaufen, als sie verwerten können, hilft das überhaupt nicht. Im Gegenteil: Es könnte sogar eine Situation entstehen, in der Haushalte dazu *angehalten* werden, eine bestimmte Menge an Überschuss zu produzieren, damit die Biogasanlagen ordnungsgemäß arbeiten können. Das ist natürlich immer noch besser, als wenn Lebensmittel und Speisereste auf der Deponie landen, aber nichtsdestoweniger handelt es sich um eine Abfallpolitik, die sich auf die am wenigsten wünschenswerte Option konzentriert.

Wie ich gezeigt habe, landen überschüssige Lebensmittel in erster Linie deshalb im Hausmüll, weil alternative Verwendungs- bzw. Entsorgungsmöglichkeiten nicht effektiv genug sind und weil sie vor allem nicht konsequent genug funktionieren. In vielen Fällen hat das etwas damit zu tun, dass die Leute nicht möchten, dass ihre überschüssigen Lebensmittel ihren Haushalt verlassen, weil sie sich Sorgen darum machen, welche Identitäten und Beziehungen dadurch sichtbar werden. Wie in Kapitel 7 beschrieben, haben Haushalte weniger Bedenken, überschüssige Nahrung wegzugeben, wenn sie sicher sein können, dass der Empfänger sie nicht auf die eine oder andere Weise dafür beurteilt. Insofern könnte eine Herausforderung für die politischen Entscheidungsträger darin bestehen, Mechanismen zu entwickeln, mithilfe derer Haushalte überschüssige

Lebensmittel wieder in Umlauf bringen und dabei anonym bleiben können. Es gibt bereits Organisationen (in Deutschland zum Beispiel den Bundesverband Deutsche Tafel e. V.), die qualitativ einwandfreie überschüssige Lebensmittel sammeln, um sie an Bedürftige abzugeben. Könnte man ein solches System so ausweiten, dass überschüssige Lebensmittel bei den Verbrauchern zuhause abgeholt und direkt zu anderen Haushalten gebracht werden, dann könnte man damit eine Menge Nahrung vor privaten Abfalleimern retten.

Einen etwas anderen Ansatz verfolgen Smartphone-Apps, mit denen man in manchen Gegenden bereits heute Menschen finden kann, bei denen man überschüssige Lebensmittel abholen oder sich sogar zum Essen einladen kann. Ob dies eine Entwicklung ist, die irgendwann konsequent und effektiv für alle Arten von Lebensmitteln und unterschiedliche Bevölkerungsgruppen funktionieren kann, bleibt abzuwarten. Doch zumindest zeichnet sich hier bereits (wenn auch noch in denkbar kleinem Umfang) eine Entwicklung ab hin zu einer kollektiven Form der Bereitstellung von Lebensmitteln. Das könnte möglicherweise tatsächlich einmal eine wirksame Waffe im Kampf gegen die Lebensmittelverschwendung sein.

Wie ebenfalls in Kapitel 7 angedeutet, könnten überschüssige Lebensmittel viel einfacher zwischen verschiedenen Haushalten zirkulieren, wenn es mehr greifbare und sinnvolle Verbindungen zwischen den Bewohnern unterschiedlicher Wohnstrukturen gäbe. Dazu bräuchte es Maßnahmen, die die sozialen Bindungen innerhalb einzelner Stadtviertel oder Ortschaften stärken. Das sagt sich natürlich so leicht. Hier kommt ein konstruktiver Vorschlag auf Basis einer persönlichen Anekdote. Die Konstruktion und Entwicklung der Wohnprojekte und Eigenheime von morgen könnte ein nützlicher Einstiegspunkt sein; so bin ich selbst zwischen meiner Feldforschung und dem Zeitpunkt, an dem ich mich hingesetzt habe, um dieses Buch zu schreiben, umgezogen, und zwar aus einer Gegend, in der ich niemanden kannte, in eine Gegend, in der ich heute fast jeden kenne. Das liegt daran, dass mein jetziges Haus Teil einer Siedlung ist, die so ausgelegt ist, dass es nahezu unmöglich ist, nicht mit seinen Nachbarn in Kontakt zu kommen. Eine Folge davon ist, dass überschüssige Nahrung jetzt viel einfacher bei mir abgegeben oder von mir weggegeben wird. Wie in Kapitel 7 dargelegt, lassen sich alternative Entsorgungswege für Lebensmittel, auch wenn sie nicht allzu stabil funktionieren, dennoch recht leicht identifizieren. Die Herausforderung für die Politik liegt darin nachzuvollziehen, *wie, wo* und *wann* diese Entsorgungswege funktionieren (oder eben nicht). Dann gilt es, Mittel und Wege zu finden, diese Praktiken so auszubauen, dass sie sich flächendeckend durchsetzen können[282]. Dazu muss man sich aber zunächst eingehender mit den Privathaushalten selbst beschäftigen und an der Stelle weiterforschen, an der meine Studie endet.

Abschließende Bemerkungen

Bleibt zu hoffen, dass dieses Buch den Lesern ein paar Details zum Phänomen der Lebensmittelverschwendung vermittelt hat, die über das hinausgehen, was einem (und damit meine ich auch die Politik) ohnehin der gesunde Menschenverstand eingibt. Mein Schwerpunkt dabei war, sozialwissenschaftliche Erkenntnisse der Bereiche *Konsum im Privathaushalt, materielle Kultur* und *Alltag* in einen engeren Dialog mit Abfallpolitik und -forschung zu bringen. Ich habe mich bei meiner ethnographischen Studie auf Privathaushalte konzentriert, weil es dort aktuell die spürbarsten Bemühungen gibt, die Menge der weggeworfenen Lebensmittel zu reduzieren. Entsprechend habe ich versucht herauszufinden, welche praktischen Folgen die hier dargestellten Entwicklungen und Lösungsansätze haben. So lange die

Abfallpolitik ihre Aufmerksamkeit vor allem auf die einzelnen Haushalte richtet, müssen Empiriker und Soziologen aber auch genau hier weiterforschen. Wie bereits erwähnt, bin ich der Ansicht, dass solche Studien zur Reduzierung der Lebensmittelverschwendung in Haushalten eine wesentliche Voraussetzung für die Entwicklung entsprechender Strategien sind.

Trotzdem möchte ich hier, ganz am Ende meines Buches, darauf hinweisen, dass es auf keinen Fall damit getan ist, sich um die Privathaushalte zu kümmern. Wie Catherine Alexander und ihre Kollegen ganz richtig betonen, steht der Umfang, in dem sich die Politik um die Reduzierung von Abfall im Haushalt kümmert, in keinem Verhältnis zur Gesamtmenge des Abfalls einer Volkswirtschaft. Die eigentlichen Herausforderungen – auch und gerade in Sachen Lebensmittel – lauern anderswo.

Die Abfallforschung *muss* sich daher damit auseinandersetzen, welche anderen Faktoren und Akteure zur Verschwendung von Lebensmitteln beitragen. Vor allem muss sie sich mit den Verbindungen beschäftigen, die zwischen den einzelnen Faktoren bestehen. Erst dann werden wir wissen, welche kulturellen und wirtschaftlichen Prozesse uns in Zukunft helfen können, weniger Lebensmittel zu verschwenden.

Literatur

Alexander, C., Gregson, N. und Gille, Z. (2013), „Food waste", in: Murcott, A., Belasco, W. und Jackson, P. (Hrsg.), *The Handbook of Food Research*. London: Bloomsbury.

Allison, A. (1991), „Japanese mothers and obentōs: the lunch-box as ideological state apparatus", in: *Anthropological Quarterly* 64 (4): 195–208.

Appadurai, A. (Hrsg.) (1986), *The Social Life of Things: Commodities in Cultural Perspective*. Cambridge: Cambridge University Press.

Barnett, C., Cloke, P., Clarke, N. und Malpass, A. (2011), *Globalizing Responsibilities: The Political Rationalities of Ethical Consumption*. Oxford: Wiley-Blackwell.

Bataille, G. (1985) „The Notion of Expenditure", in: A. Stoekl (Hrsg.), *Visions of Excess: Selected Writings, 1927–1939*. Minneapolis: University of Minneapolis Press.

Bauman, Z. (2002), *Society under Siege*. Cambridge: Polity Press.

Beck, U. (1992), *Risk Society: Towards a New Modernity*. London: Sage.

Bennett, J. (2007), „Edible matter", in: *New Left Review* 45: 133–45.

– (2010), *Vibrant Matter: a Political Ecology of Things*. London: Duke University Press.

Bloom, J. (2010), *American Wasteland: How America Throws Away Nearly Half of Its Food (and What We Can Do About It)*. Cambridge, MA: DeCapo Press.

Bugge, A. und Almas, R. (2006), „Domestic dinner: representations and practices of a proper meal among young suburban mothers", in: *Journal of Consumer Culture* 6 (2): 203–28.

Bulkeley, H. und Gregson, N. (2009), „Crossing the threshold: municipal waste policy and household waste generation", in: *Environment and Planning A* 41: 929–45.

Bulkeley, H., Watson, M. und Hudson, R. (2007). „Modes of governing municipal waste", in: *Environment and Planning A* 39: 2733–53.

Bullard, R. (1983), „Solid waste sites and the black Houston community", in: *Sociological Inquiry* 53 (2–3): 273–88.

Burridge, J. und Barker, J. (2009), „Food as a Medium for Emotional Management of the Family: Avoiding Complaint and Producing Love", in: P. Jackson (Hrsg.), *Changing Families, Changing Food*. Basingstoke: Palgrave Macmillan.

Cappellini B. (2009), „The sacrifice of re-use: the travels of leftovers and family relations", in: *Journal of Consumer Behaviour* 8: 365–75.

Cappellini, B. und Parsons, E. (2013), „Practising thrift at dinnertime: mealtime leftovers, sacrifice and family membership", in: *The Sociological Review* 60 (S2): 117–30.

Chappells, H. und Shove, E. (1999), „The dustbin: a study of domestic waste, household practices and utility services", in: *International Planning Studies* 4 (2): 267–80.

Charles, N. und Kerr, M. (1988), *Women, Food and Families*. Manchester: Manchester University Press.

Chartered Institiute of Mechanical Engineers (ImechE) (2013), *Global Food: Waste Not, Want Not*. London: Institution of Mechanical Engineers.

Cherrier, H. (2009), „Disposal and simple living: exploring the circulation of goods and the development of sacred consumption", in: *Journal of Consumer Behaviour* 8: 327–39.

Chilvers, J. und Burgess, J. (2008), „Power relations: the politics of risk and procedure in nuclear waste governance", in: *Environment and Planning A* 40: 1881–900.

Cieraad, I. (Hrsg.) (1999), *At Home: An Anthropology of Domestic Space*. New York: Syracuse University Press.

Clarke, A. (2000), „Mother Swapping: The Trafficking of Nearly New Children's Wear", in: P. Jackson, M. Lowe, D. Miller und F. Mort (Hrsg.), *Commercial Cultures: Economies, Practices, Spaces*. Oxford: Berg, 23–46.

Coles, B. und Hallett, L. (2013), „Eating from the bin: salmon heads, waste and the markets that make them", in: *The Sociological Review* 60 (S2): 156–73.

Cooper, T. (2005), „Slower Consumption: Reflections on Product Life Spans and the 'Throwaway Society'", in: *Journal of Industrial Ecology* 9 (1): 51–67.

Crouch, D. und Ward, C. (1997), *The Allotment: its Landscape and Culture*. Nottingham: Five Leaves.

Davoudi, S. (2000), „Planning for waste management: changing discourses and institutional relationships", *Progress in Planning* 63: 165–216.

Dean, M. (1999), *Governmentality: Power and Rule in Modern Society*. London: Sage.

DeLillo, D. (1985), *Weißes Rauschen*. Köln: Kiepenheuer & Witsch.

DeVault, M. (1991), *Feeding the Family: The Social Organization of Caring as Gendered Work*. Chicago, IL: Chicago University Press.

Douglas, M. (1966), *Reinheit und Gefährdung. Eine Studie zu Vorstellungen von Verunreinigung und Tabu*. Berlin: Reimer.

– (1972), *Implicit Meanings*. London: Routledge.

Douny, L. (2007), „The materiality of domestic waste: the recycled cosmology of the Dogon of Malawi", in: *Journal of Material Culture* 12 (3): 309–31.

Edwards, F. und Mercer, D. (2013), „Food waste in Australia: the freegan response", in: *The Sociological Review* 60 (S2): 174–91.

Ernährungs- und Landwirtschaftsorganisation der Vereinten Nationen (FAO) (2011), *Global Food Losses and Food Waste: Extent, Causes and Prevention*. Rom: FAO.

– (2012), *The State of Food Insecurity in the World*. Rom: FAO.

Evans, D. (2011a), „Blaming the consumer – once again: the social and material contexts of everyday food waste practices in some English households", in: *Critical Public Health* 21 (4): 429–40.

– (2011b), „Thrifty, green or frugal: reflections on sustainable consumption in a changing economic climate", in: *Geoforum* 42 (5): 550–7.

– (2012a), „Beyond the throwaway society: ordinary domestic practice and a sociological approach to household food waste", in: *Sociology* 46 (1): 43–58.

– (2012b), „Binning, gifting and recovery: the conduits of disposal in household food consumption", in: *Environment and Planning D: Society and Space* 30 (6): 1123–37.

Evans, D., Campbell, H. und Murcott, A. (2013a), „A brief pre-history of food waste and the social sciences". *Sociological Review* 61 (2): 1–22.

– (Hrsg.) (2013b), *Waste Matters: New Perspectives on Food and Society*. Oxford: Wiley-Blackwell.

Evans, D., Southerton, D. und McMeekin, A. (2012), „Sustainable Consumption, Behaviour Change Policies and Theories of Practice", in: A. Warde und D. Southerton (Hrsg.), *The Habits of Consumption, COLLeGIUM: Studies across Disciplines in the Humanities and Social Sciences*. Helsinki: Helsinki Collegium for Advanced Studies 12: 113–29.

Fine, B. (1995), „From political economy to consumption", in: D. Miller (Hrsg.), *Acknowledging Consumption*. London: Routledge.

Fine, G. (1996), *Kitchens: the Culture of Restaurant Work*. Berkeley und Los Angeles: University of California Press.

Fischer, E. und Benson, P. (2006), *Broccoli and Desire: Global Connections and Maya Struggles in Postwar Guatemala*. California: Stanford University Press.

Freidberg, S. (2009), *Fresh: A Perishable History*. Cambridge, MA: Harvard University Press.

Giddens, A. (1984), *The Constitution of Society*. Cambridge: Polity Press.

Gille, Z. (2007), *From the Cult of Waste to the Trash Heap of History: The Politics of Waste in Socialist and Postsocialist Hungary*. Bloomington, IN: University of Indiana Press.

– (2010), „Actor networks, modes of production, and waste regimes: reassembling the macro-social", in: *Environment and Planning A* 42 (5): 1049–64.

– (2013), „From risk to waste: Global food waste regimes", in: *The Sociological Review* 60 (S2): 23–42.

Goody, J. (1982), *Cooking, Cuisine and Class: a study in comparative sociology*. Cambridge: Cambridge University Press.

Gregson, N., (2007), *Living with Things: Ridding, Accommodation, Dwelling*. Oxford: Sean Kingston Publishing.

Gregson, N. und Crang, M. (2010), „Guest Editorial", in: *Environment and Planning A* 42: 1026–2032.

Gregson, N., Crang, M., Ahamed, F., Akter, N. und Ferdous, R. (2010), „Following things of rubbish value: end-of-life ships, 'chock-chocky' furniture and the Bangladeshi middle class consumer", in: *Geoforum* 41: 846–54.

Gregson, N. und Crewe, L. (2003), *Second Hand Cultures.* Oxford: Berg.

Gregson, N., Metcalfe, A. und Crewe, L. (2007a), „Identity, Mobility, and the Throwaway Society", in: *Environment and Planning D: Society and Space* 25: 682–700.

– (2007b), „Moving things along: the conduits and practices of divestment in consumption", in: *Transactions of the Institute of British Geographers* 32 (2): 187–200.

Gregson, N., Watkins, H. und Calestani, M. (2010), „Inextinguishable fibres: demolition and the vital materialisms of asbestos", in: *Environment and Planning A* 42: 1065–83.

Gronow, J. und Warde, A. (Hrsg.) (2001), *Ordinary Consumption.* London: Routledge.

Halkier, B. (2009), „Suitable cooking? Performance and positionings in cooking practices among Danish women", in: *Food, Culture and Society* 12 (3): 357–77.

Hawkins, G. (2006), *The Ethics of Waste: How We Relate to Rubbish.* Lanham: Rowman and Littlefield.

– (2013), „The performativity of food packaging: market devices, waste crisis and recycling", in: *The Sociological Review* 60 (S2): 66–83.

Heiman, M. (1996), „Race, class and waste: new perspectives on environmental justice", in: *Antipode* 28 (2): 111–21.

Hertz, R. (1960), „A Contribution to the Study of Collective Representation of Death", in: R. Needham und C. Needham (trans.) *Death and the Right Hand*, 27–86. London: Cohen & West.

Hetherington, K. (2004), „Secondhandedness: consumption, disposal and absent presence", in: *Environment and Planning D: Society and Space* 22: 157–73.

Ingold, T. (2007), „Materials against materiality", in: *Archaeological Dialogues* 14 (1): 1–16.

Jackson, P. (Hrsg.) (2009), *Changing Families, Changing Food.* Basingstoke: Palgrave Macmillan.

Jackson, P. und Everts, J. (2010), „Anxiety and social practice", in: *Environment and Planning A* 42: 2791–806.

Jackson, P., Watson, M. und Piper, N. (2013), „Locating anxiety in the social: the cultural mediation of food fears", in: *European Journal of Cultural Studies* 16: 24–42.

James, A. Kjorhol, A. und Vebjorg, T. (Hrsg.) (2009), *Children, Food and Identity in Everyday Life.* Basingstoke: Palgrave Macmillan.

Koch, S. (2012), *A Theory of Grocery Shopping: Food, Choice and Conflict.* Oxford: Berg.

Kopytoff, I. (1986), „The Cultural Biography of Things: Commodification as a Process", in: A. Appadurai (Hrsg.), *The Social Life of Things: Com-*

modities in Cultural Perspective. Cambridge: Cambridge University Press, 64–94.

Kristeva, J. (1982), *The Powers of Horror: An Essay on Abjection*. New York: Columbia University Press.

Krzywoszynska, A. (2013), „'Waste? you mean by-products!' from bio-waste management to agro-ecology in Italian winemaking and beyond", in: *The Sociological Review* 60 (S2): 47–65.

Kusenbach, M. (2003), „Street phenomenology: the go-along as ethnographic research tool", in: *Ethnography* 4 (3): 455–85.

Laporte, D. (1994), *Eine gelehrte Geschichte der Scheiße*. Frankfurt am Main: Frankfurter Verlagsanstalt.

Lasch, S. und Lury, C. (1996), *Global Cultural Industries: the Mediation of Things*. Cambridge: Polity.

Latour, B. (2007), *Eine neue Soziologie für eine neue Gesellschaft. Einführung in die Akteur-Netzwerk-Theorie*. Frankfurt am Main: Suhrkamp.

Lévi-Strauss, C. (1966), „The culinary triangle", in: *New Society* 16 (6): 937–40.

Littler, J. (2009), *Radical Consumption: Shopping for Change in Contemporary Culture*. Berkshire: Open University Press.

Lockie, S. (2002) „The invisible mouth: mobilizing the consumer in food consumption networks", in: *Sociologia Ruralis* 42 (4): 278–94.

Lucas, G. (2002), „Disposability and dispossession in the twentieth century", in: *Journal of Material Culture* 7: 5–22.

Lupton, D. (1996), *Food, the Body and the Self*. London: Sage.

Malinowski, B. (1922), *The Argonauts of the Western Pacific: An Account of Native Enterprise and Adventure in the Archipelagoes of Melanesian New Guinea*. London: Routledge.

Marcus, G. (1995), „Ethnography in/of the world system: the emergence of multisited ethnography", in: *Annual Review of Anthropology* 24: 95–117.

Martuzzi, M., Mitis, F. und Forastiere, F. (2010), „Inequalities, inequities, environmental justice in waste management and health", in: *European Journal of Public Health* 20 (1): 22–6.

Mauss, M. (1954), *The Gift: Forms and Function of Exchange in Archaic Societies*. London: Cohen & West.

Meagher, S. (2010), „Critical thinking about the right to the city: mapping garbage routes", in: *City: Analysis of Urban Trends, Culture, Theory, Policy, Action* 14 (4): 427–33.

Meah, A. und Watson, M. (2011), „Saints and slackers: challenging discourses about the decline of domestic cooking", in: *Sociological Research Online* 16 (2): 6.

Melosi, A. (2004), *Garbage in the Cities: Refuse, Reform, and the Environment* (rev. edn). Pittsburgh: University of Pittsburgh Press.

Metcalfe, A., Riley, M., Barr, S., Tudor, T., Robinson, G. und Gilbert, S. (2013), „Food waste bins: bridging infrastructures and practices", in: *The Sociological Review* 60 (S2): 135–55.

Micheletti, M. (2003), *Political Virtue and Shopping: Individuals, Consumerism and Collective Action*. London: Routledge.

Miller, D. (1988), „Appropriating the state on a council estate", in: *Man* 23: 353–72.

– (1995), „Consumption as the Vanguard of History", in: D. Miller (Hrsg.), *Acknowledging Consumption*. London: Routledge.

– (1998), *A Theory of Shopping*. Cambridge: Polity Press.

– (2001a), *Home Possessions*. Oxford: Berg.

– (2001b), „The poverty of morality", in: *Journal of Consumer Culture* 1 (2): 225–43.

– (2012), *Der Trost der Dinge*. Frankfurt am Main: Suhrkamp.

Milne, R. (2013), „Arbiters of waste: date labels, the consumer and knowing good, safe food", in: *The Sociological Review* 60 (S2): 84–101.

Milne, R., Wenzer, J., Brembeck, H. und Brodin, M. (2011), „Fraught cuisine: food scares and the modulation of anxieties", in: *Distinction: Scandinavian Journal of Social Theory* 12 (2): 177–92.

Mitchell, J. (1999), „The British main meal in the 1990s: has it changed its identity?", in: *British Food Journal* 101 (11): 871–83.

Munro, R. (1983), „It's a Pleasure to Cook for Him: Food, Mealtimes and Gender in Some South Wales Households", in: E. Garmarnikow (Hrsg.), *The Public and the Private*. London: Heinemann.

– (1993), „Talking of good food: an empirical study of women's conceptualisations", in: *Food and Foodways* 5 (3): 305–18 – (2013), „The disposal of place: facing modernity in the kitchen-diner", in: *The Sociological Review* 60 (S2): 212–31.

– (1995), „The Disposal of the Meal", in: D. Marshall (Hrsg.), *Food Choice and the Consumer*. London: Blackie.

– (2013), „The disposal of place: facing modernity in the kitchen-diner", in: *The Sociological Review* 60 (S2): 212-31.

Murcott, A. (1995), „Social influences on food choice and dietary change: a sociological attitude", in: *Proceedings of the Nutrition Society*, 54: 729–35.

– (1997), „Family Meals – a Thing of the Past?", in: P. Caplan (Hrsg.), *Food, Health and Identity*. London: Routledge.

– (2002), „Nutrition and inequalities: a note on sociological approaches", in: *European Journal of Public Health* 12: 203–7.

Norris, L. (2004), „Shedding skins: the materiality of divestment in India", in: *Journal of Material Culture* 9 (1): 59–71.

Norris, P. (2007), „Political Activism: New Challanges, New Opportunities", in: C. Boix und S. Stokes (Hrsg.), *The Oxford Handbook of Comparative Politics*. Oxford: Oxford University Press.

Oakley, A. (1978), *Soziologie der Hausarbeit*. Frankfurt am Main: Verlag Roter Stern.

O'Brien, M. (2007), *A Crisis of Waste? Understanding the Rubbish Society*. London und New York: Routledge.

– (2013), „A 'lasting transformation' of capitalist surplus: from food stocks to feedstocks", in: *The Sociological Review* 60 (S2): 192–211.

Olsen, B. (2010), *In Defence of Things: Archaeology and the Ontology of Objects*. Plymouth: Rowman & Littlefield.

Packard, V. (1961), *Die große Verschwendung*. Düsseldorf: Econ.

Peterson, A., Davis, M., Fraser, S. und Lindsay, J. (2010), „Healthy living and citizenship: an overview", in: *Critical Public Health* 20 (4): 391–400.

Petts, J. (2004), „Barriers to participation and deliberation in risk decisions: evidence from waste management", in: *Journal of Risk Research* 7 (2): 115–33.

Pink, S. (2004), *Home Truths: Gender, Domestic Objects and Everyday Life*. Oxford: Berg.

– (2012), *Situating Everyday Life: Practices and Places*. London: Sage.

Quested, T., Marsh, E., Stunell, D. und Parry, A. (2013), „Spaghetti soup: the complex world of food waste behaviours", in: *Journal of Resources, Conservation and Recycling* 79: 43–51.

Rathje, W. und Murphy, C. (1994), *Eine archäologische Reise durch die Welt des Abfalls*. München: Goldmann.

Reckwitz, A. (2002), „Towards a theory of social practices: a development in culturalist theorizing", in: *European Journal of Social Theory* 5: 243–63.

Redclift, M. (1996), *Wasted: Counting the Costs of Global Consumption*. London: Earthscan.

Reno, J. (2009), „Your trash is someone else's treasure: the politics of value at a Michigan landfill", in: *Journal of Material Culture* 14 (1): 29–46.

Rose, N. (1999), *Powers of Freedom*. Cambridge: Cambridge University Press.

Scanlan, J. (2005), *On Garbage*. London: Reaktion Books.

Schatzki, T. (1996), *Social Practices*. Cambridge: Cambridge University Press.

Schatzki, T., Knorr-Cetina, K. und von Savigny, E. (2001), *The Practice Turn in Contemporary Theory*. London: Routledge.

Schor, J. (1998), *The Overspent American: Upscaling, Downshifting and the New Consumer*. New York: Basic Books.

Schrift, A. (Hrsg.) (1997), *The Logic of the Gift: Toward an Ethic of Generosity*. London und New York: Routledge.

Short, F. (2006), *Kitchen Secrets: The Meaning of Cooking in Everyday Life*. Oxford: Berg.

Shove, E. (2003), *Comfort, Cleanliness and Convenience – the Social Organisation of Normality*. Oxford: Berg.

– (2010), „Beyond the ABC: climate change policy and theories of social change", in: *Environment and Planning A* 42 (6): 1273–85.

Shove, E. und Pantzar, M. (2005), „Consumers, producers and practices: understanding the invention and reinvention of Nordic Walking", in: *Journal of Consumer Culture*, 5: 43–64.

Shove, E., Pantzar, M. und Watson, M. (2012), *The Dynamics of Social Practice: Everyday Life and How it Changes*. London: Sage.

Shove, E. und Southerton, D. (2000) „Defrosting the freezer: from novelty to convenience: a narrative of normalization", in: *Journal of Material Culture* 5: 301–19.

Shove, E. und Warde, A. (2002), „Inconspicuous Consumption: The Sociology of Lifestyles, Consumption and the Environment", in: R. Dunlap, F. Buttel, P. Dickens und A. Gijswijt (Hrsg.), *Sociological Theory and the Environment: Classical Foundations, Contemporary Insights.* New York und Oxford: Rowman & Littlefield, 230–52.

Silva, E. (2010), *Technology, Culture, Family: Influences on Home Life.* Basingstoke: Palgrave Macmillan.

Southerton, D. (2001), „Consuming kitchens: taste, context and identity formation", in: *Journal of Consumer Culture* 1 (2): 179–203.

– (2003), „Squeezing time: allocating practices, coordinating networks and scheduling society", in: *Time and Society* 12 (1): 5–25.

– (2013), „Habits, routines and temporalities of consumption: from individual behaviours to the reproduction of everyday practices", in: *Time and Society* 22 (3): 335–55.

Spaargaren, G., Oosterveer, P. und Loeber, A. (Hrsg.) (2012), *Food Practices in Transition: Changing Food Consumption, Retail and Production in the Age of Reflexive Modernity.* London: Routledge.

Strasser, S. (1999), *Waste and Want: The Social History of Trash.* London: Metropolitan Books.

Stuart, T. (2009), *Waste: Uncovering the Global Food Scandal.* New York: W. W. Norton.

Thompson, M. (2003), *Müll-Theorie: Die Schaffung und Vernichtung von Werten.* Essen: Klartext Verlag.

Van Loon, J. (2002), *Risk and Technological Culture: Towards a Sociology of Virulence.* Oxford: Routledge.

Warde, A. (1997), *Consumption, Food and Taste.* Cambridge: Polity Press.

– (1999), „Convenience food: space and timing", in: *British Food Journal* 101 (7): 518–27.

– (2005), „Consumption and theories of practice", in: *Journal of Consumer Culture* 5 (2): 131–53.

Warin, M. (2010), *Abject Relations: Everyday Worlds of Anorexia.* New Brunswick: Rutgers University Press.

Watkins, H. (2006), „Beauty queen, bulletin board and browser: rescripting the refrigerator gender", in: *Place and Culture* 13 (2): 143–52.

Watson, M. und Meah, A. (2013), „Food, waste and safety: negotiating conflicting social anxieties into the practices of domestic provisioning", in: *The Sociological Review* 60 (S2): 98–116.

Wilkinson, I. (2001), *Anxiety in a Risk Society.* London: Routledge.

WRAP (2011), *New Estimates for Household Food and Drink Waste in the UK.* Banbury: Waste and Resources Action Programme.

Anmerkungen

1 DeVault 1991.
2 Appadurai 1986.
3 Gregson und Crang 2010.
4 z. B. Davoudi 2000, Petts 2004, Chilvers und Burgess 2008.
5 Gay Hawkins 2006: vii.
6 Beck 1992.
7 Van Loon 2002, vgl. Gille 2013.
8 Bullard 1983, Heiman 1996, Martuzzi et al. 2010, Meagher 2010.
9 Laporte 1994, Melosi 2004.
10 Schor 1998.
11 Packard 1961.
12 Redclift 1996.
13 Munro 2013: 221.
14 vgl. jedoch Scanlan 2005.
15 Gille 2010: 1056.
16 Wer sich nicht allzu sehr für Abfallforschung und ihre historische Entwicklung interessiert, kann gerne zum nächsten Abschnitt blättern.
17 Thompson 2003.
18 Scanson 2005: 8.
19 Rathje und Murphy 1994: 9.
20 Douny 2007: 313.
21 Gregson und Crewe 2003.
22 Gregson 2007, Gregson et al. 2007a, 2007b.
23 siehe auch Lucy Norris' Werk (2004) über das Entsorgen von Kleidung in Indien.
24 Gregson, Crang et al. 2010.
25 zum Beispiel bei Goody 1982, Fein 1996.
26 Munro, 1995.
27 im Anschluss an Hetherington, 2004 und Nicky Gregson.
28 Cappellini 2009, Evans 2011a, 2012a, 2012b.
29 Evans et al. 2013b.
30 Alexander et al. 2013.
31 vgl. Gille 2013, Krzywoszynska 2013, O'Brien 2013.
32 Cappellini und Parsons 2013, Watson und Meah 2013, Metcalfe et al. 2013.
33 Milne 2013, Hawkins 2013.
34 Coles und Hallet 2013, Edwards und Mercer 2013.
35 Munro 2013.
36 Wer so etwas sucht, dem seien die hervorragenden Bände Stuart 2009 und Bloom 2010 ans Herz gelegt.
37 FAO 2011.
38 IMechE 2013.
39 FAO 2012.
40 Stuart 2009: xvi.
41 Stuart 2009, FAO 2011.
42 den findet man bei Evans et al. 2013a.
43 FAO 2011.

44 WRAP 2011, vgl. auch Quested et al. 2013.
45 FAO 2011.
46 Alexander et al. 2013.
47 Miller 2001a.
48 das gibt es bereits, es stammt von Tristram Stuart und Jonathan Bloom.
49 solche Informationen findet man in den Unterlagen des WRAP sowie bei Tom Quested und seinen Kollegen.
50 Pink 2004.
51 Miller 2001a.
52 IMechE 2013: 22.
53 IMechE 2013: 27.
54 FAO 2011: 14.
55 http://ec.europa.eu/food/food/sustainability/causes en.html (abgerufen am 19. Februar 2013).
56 Evans 2011a.
57 Stuart 2009: 77.
58 http://www.lovefoodhatewaste.com (abgerufen am 19. Februar 2013).
59 Barnett et al. 2011.
60 siehe Michelettis Analyse des politischen Konsums von 2003.
61 Barnett et al. 2011: 15.
62 Norris 2007.
63 Barnett 2011: 1.
64 siehe Dean 1999, Rose 1999.
65 siehe auch Littler 2009.
66 siehe Evans et al. 2013a. Immer mehr Supermärkte in Großbritannien beteiligen sich an Kampagnen, um ihren Kunden dabei zu helfen, die Menge der Lebensmittel zu reduzieren, die sie wegwerfen. Sainsbury beispielsweise startete im Januar 2013 in Kooperation mit WRAP eine Kampagne zum Thema „Sonntagsbraten". Dabei ging es um die Reduzierung von Lebensmittelabfällen im Haushalt.
67 Ein weiteres Beispiel: Am 5. März 2013 twitterte Tristram Stuart: „Consumers are the sleeping giant in the #foodwaste equation. Public pressure will make food businesses across the board stop wasting food!"
68 Siehe http://www.guardian.co.uk/environment/2013/feb/26/british-shoppersirregular-fruit-vegetables (abgerufen am 8. Juli 2013).
69 Schatzki et al. 2001.
70 Reckwitz 2002.
71 Schatzki 1996.
72 Warde 2005.
73 Reckwitz 2002.
74 Reckwitz 2002: 249.

75 Hierzu siehe zum Beispiel Shove und Pantzar 2005, Warde 2005, Shove et al. 2012, Southerton 2013.

76 Shove 2010: 1279.

77 Warde 2005: 141.

78 Warde 2005.

79 Warde 2005: 145.

80 Shove 2003.

81 Shove 2010.

82 Shove 2010: 1274.

83 Cieraad 1999.

84 Pink 2004: 25.

85 Miller 2001a: 1.

86 Miller 2001a: 3.

87 Miller 2001a: 239.

88 Miller 2001a: 239.

89 Miller 1988.

90 Southerton 2001.

91 Pink 2012.

92 Gregson 2007, Gregson et al. 2007a, 2007b.

93 siehe zum Beispiel Gronow und Warde, 2001. Im Übrigen tendieren populäre Vorstellungen von Konsum – vor allem dann, wenn sie Einzug in die Lebensmittel- und Kulturpolitik und in die Umweltdebatten halten – dazu, Ersteres zu reflektieren oder sich daraus abzuleiten, während sie zu Letzterem noch nicht aufgeholt zu haben scheinen.

94 Miller 2001b.

95 Gregson et al. 2007b: 188.

96 Miller 1995.

97 Gregson 2007.

98 Gregson 2007: 19.

99 Evans 2012b.

100 Hetherington 2004.

101 Gregson et al. 2007b: 188.

102 siehe Bauman 2002, Cooper 2005.

103 siehe auch O'Brien 2007, Evans 2012a.

104 Gregson et al. 2007a: 684.

105 Gregson et al. 2007a.

106 Gregson et al. 2007a: 682.

107 Bulkeley und Gregson 2009: 930.

108 Bulkeley und Gregson 2009.

109 Schatzki 1996.

110 Hawkins 2006.

111 Im Zuge der Einwilligungserklärung zu Beginn der Studie wurde allen Befragten eindeutig vermittelt, dass es in der Studie um die Verschwendung von Lebensmitteln geht.

112 Miller 2001a, Gregson 2007.

113 Pink 2004, Pink 2012.

114 Nicht nur von Sozialwissenschaftlern, sondern auch von Ingenieuren, politischen Entscheidungsträgern, Unternehmen, Nicht-Regierungsorganisationen (NGOs) und Aktivisten.

115 Miller 2001a.

116 siehe auch Watson und Meah 2013.

117 Appadurai 1986, Kopytoff 1986, Lasch und Lury 1996.

118 Marcus 1995.

119 Kusenbach 2003.

120 Manchester im Nordwesten von England ist der drittgrößte Ballungsraum im Vereinigten Königreich.

121 Gregson 2007.

122 Sarah Pink (2004) weist darauf hin, dass ethnographische Forschungen zum Haushalt immer mehrere Standorte umfassen müssen. Auch meine eigene Studie über den Eigenverbrauch beschränkt sich nicht auf den Haushalt per se. Immerhin begann dieses Buch ja im Supermarkt.

123 Dies sind natürlich Pseudonyme, genau wie alle Namen, die in der Analyse verwendet werden.

124 Miller 2012.

125 Nachdem die Befragten rekrutiert waren, zeigten sie sich äußerst engagiert. Während der Studie verbrachte ich viel Zeit in jener Gegend. Oft rief mich jemand an, um mich zu sich einzuladen. Manchmal traf ich die Teilnehmer auch zufällig in Geschäften, Cafés oder Pubs. Die Befragten teilten mir immer wieder mit, wie gerne sie an der Studie teilnehmen. Eine Teilnehmerin drückte es so aus: Endlich trägt ihr mal jemand die Einkäufe nach Hause.

126 Gregson 2007.

127 Gregson 2007b.

128 Gregson 2007b: 199.

129 wie bereits Gregson et al. 2007a, 2007b.

130 siehe Evans, 2012a für Beispiele hierfür.

131 Koch 2012: 12.

132 DeVault 1991.

133 Murcott 1995.

134 Warde 1997.

135 Murcott 2002.

136 Fine 1995.

137 Spaargaren et al. 2012.

138 siehe zum Beispiel Douglas 1972, Murcott 1983, Charles und Kerr 1988, Mitchell 1999, Bugge und Almas 2006, Short 2006, Halkier 2009.

139 Eine daheim zubereitete Mahlzeit gilt beispielsweise als „richtige" Nahrung, eine Portion Pommes Frites von der Wurstbude hingegen nicht.

140 siehe auch Freidberg 2009.

141 „Das perfekte Dinner" ist eine Fernsehsendung, in der vier bis fünf Kandidaten um ein Preisgeld konkurrieren. Nacheinander lädt jeder die anderen bei sich zum Abendessen ein. Hinterher geben die Konkurrenten dem Gastgeber Punkte von 1 bis 10.

142 siehe auch Short 2006.

143 Sie bezeichnet sich als „eine von den Leuten, die Jamie Oliver hasst". Damit bezieht sie sich auf die Verzweiflung, die der Fernsehkoch immer dann demonstriert, wenn jemand sich nicht für „richtiges" Essen begeistern kann.

144 Murcott 1997.

145 DeVault 1991, Burridge und Barker 2009.

146 Murcott 1983, Charles und Kerr 1988, Jackson 2009.

147 Peterson et al. 2010.

148 Evans 2011a.

149 Dies gilt insbesondere für Familien.

150 Alle in diesem Haushalt essen gerne Süßes, aber Kirsty hat beschlossen, dass es nur einmal am Tag eine „süße Leckerei" gibt. Diese Leckerei sollte, soweit das möglich ist, ein Stück Obst sein. Meistens kommt Süßes nach dem Abendessen auf den Tisch, manchmal aber auch vormittags oder als nachmittägliche Zwischenmahlzeit. Kuchen oder einen Schokoriegel gibt es meistens, wenn die Familie unterwegs ist. Soll zuhause Süßes auf den Tisch, dann geht Kirsty eigens zum Laden um die Ecke, um dort etwas zu kaufen. Sie will vermeiden, Süßes „ganz selbstverständlich" im Haus zu haben.

151 Leider hat das Obst im Laden um die Ecke nicht die beste Qualität. Einmal, als ich bei ihr bin, zeigt sie mir das Obst, das bei ihr in der Küche herumliegt, und sie fragt mich, ob das irgendwer, der „ganz bei Verstand ist", noch essen würde. Ich muss ihr zustimmen, dass es nicht besonders appetitlich aussieht.

152 Allerdings wird das nächste Kapitel zeigen, dass solche Bewertungen – und noch weitere – in die täglichen Abläufe der Haushalte auch integriert werden.

153 Die Gegenden rund um Rosewall Street und Leopold Lane sind insofern typisch für Großbritannien, als sie jeweils im Einzugsgebiet von einer der „großen vier" Supermarktketten (*Tesco, Asda, Morrison's, Sainsbury's*) liegen. Diese vier Ketten verkaufen rund 75 Prozent aller Lebensmittel in Großbritannien. Die einzelnen Geschäfte kommen in ganz unterschiedlicher Form und Größe daher: von riesigen „Superstores" außerhalb der Stadt (zu denen die Menschen meistens mit dem Auto fahren) bis hin zu relativ kleinen Läden in Wohngebieten. Viele dieser Geschäfte haben besonders lang geöffnet, manche sogar rund um die Uhr. Die Lebensmittel dort werden in der Regel in abgepackten Mengen angeboten, auch wenn die Fisch-, Fleisch- und Käsetheke derzeit eine kleine Renaissance erlebt. „Lose" Selbstbedienungs-Produkte sind eher die Ausnahme, und wenn sie angeboten werden, hat der Kunde fast immer die Möglichkeit, sie direkt in eine Plastiktüte zu stecken. Daneben gibt es in Großbritannien natürlich noch eine Reihe anderer Supermärkte, vom Billig-Discounter bis zur Luxus- und Feinkostkette. Ersteren gibt es ebenfalls in unmittelbarer Reichweite von Leopold Lane und Rosewall Street, Letztere nicht. In beiden Gegenden findet man zudem diverse kleinere Geschäfte, und man gelangt von hier aus relativ leicht zu einigen wohlhabenden Stadtvierteln (ca. 3 km entfernt), wo es zahlreiche Delikatessengeschäfte, unabhängige Einkaufsläden und Biomärkte gibt. Während meiner Studie fand die überwiegende Mehrheit der Lebensmitteleinkäufe in einem der „großen vier" Supermärkte statt.

154 Warde 1999, Southerton 2003.

155 vgl. Meah und Watson 2011 und Watson und Meah 2013.

156 Charles und Kerr 1988, Murcott 1983.

157 Burridge und Barker 2009, Koch 2012.

158 siehe Evans 2012a.

159 http://england.lovefoodhatewaste.com/recipes?tid=All&tid 1=16&tid 2=177 (abgerufen am 10. Juli 2013).

160 *Spaghetti alla puttanesca* heißt wörtlich übersetzt „Spaghetti nach Art der Huren". Die Soße wird in der Regel aus Olivenöl, Knoblauch, Tomaten, Oliven, Sardellen, Kapern, Oregano, Salz und Pfeffer zubereitet.

161 Alleinstehende und jüngere Paare ohne Kinder sind da generell etwas spontaner.

162 siehe auch DeVault 1991.

163 Jackson et al. 2013.

164 Evans 2012a.

165 Oakley 1978, Pink 2004.

166 Jackson et al. 2013.

167 Giddens 1984.

168 Evans 2011a, 2012a.

169 Obwohl sich solche Routinen typischerweise dahingehend entwickelt haben, dass sie einen Zeitraum von 7 bis 10 Tagen abdecken, sind mir bei meiner Feldforschung mehrere Beispiele untergekommen, in denen dieser Zeitraum kürzer war, aber das Ergebnis ähnlich. Zum Beispiel nutzen Chris und Faye, die wir im nächsten Abschnitt kennenlernen werden, ein „2 für 5 £"-Angebot für Fleisch (eine Packung Schweinerücken-Steaks, ein Packung Hähnchenflügel). Ihr Plan ist es, in den nächsten Tagen erst das eine, dann das andere zu verzehren. Am ersten Abend gibt es – wie geplant – die Hähnchenflügel. Tags darauf ist das Wetter aber auf einmal so schön, dass sie in den Pub gehen, um „draußen zu sitzen und die Sonne zu genießen". Sie trinken ein paar Bier, und dann bestellen sie im Pub auch noch etwas zu essen. Die Schweinerücken-Steaks, die zuhause im Kühlschrank warten, sind somit überschüssig geworden.

170 siehe auch Watson und Meah 2013.

171 siehe Evans 2012b.

172 Evans et al. 2013a.

173 Meah und Watson 2013; siehe auch Meah und Watson 2011.

174 Meah und Watson 2013: 98.

175 Meah und Watson 2013: 112.

176 In Großbritannien sind große Kühl- und Gefriergeräte, wie man sie aus den USA kennt und wie sie auch in Deutschland immer beliebter werden, noch längst nicht die Regel. Ein typischer britischer Kühlschrank ist 85 cm hoch, etwa 60 cm breit und 60 cm tief. Ein 130 cm hoher Kühlschrank gilt bei den Engländern bereits als „ziemlich groß".

177 Meah und Watson 2013.

178 Meah und Watson 2013: 109, Hervorhebung im Original.

179 Miller 1998, 2001b.

180 Millers Erklärung der Sparsamkeit bildet die Grundlage für seine oben erwähnte Behauptung, Konsum fungiere als Medium für den Aufbau sinnvoller sozialer Beziehungen. Zum Beispiel ermöglicht der sorgsame Umgang mit den Ressourcen im Haushalt (Sparen) zukünftige Ausgaben für Konsumgüter (Ausgeben), wie im Falle der Mutter, die dann, wenn sie für ihr Kind einkauft, „so lange sucht, bis sie das eine Produkt gefunden hat, das dieses subtile, spezielle Bedürfnis befriedigt" (siehe Kapitel 2, siehe auch Evans 2011b).

181 Watson und Meah 2013.

182 Gregson et al. 2007a.

183 z. B. Malinowski 1922, Mauss 1954.

184 Munro 1995.

185 Lucas 2002.

186 Lucas 2002.

187 „Essbar" zumindest in dem Sinne, dass man damit eine Brühe kochen oder einen Fond herstellen könnte.

188 Dies sind nur ein paar Beispiele, die Liste ist bei weitem nicht vollständig.

189 Murcott 1993.

190 Alles, was auf die Teller kam, wurde aufgegessen. Wie Natalie sagt: „Bei meinen Jungs wird jeder Teller geleert, damit habe ich keine Probleme."

191 In Großbritannien haben Friseursalons traditionell montags geschlossen.

192 Die Studie zeigt aber auch Fälle auf, in denen Produkte immer tiefer im Kühlschrank versteckt werden, je unwahrscheinlicher ihr Verbrauch wird, und sie somit aus dem Blickfeld verschwinden.

193 An anderer Stelle in der Studie landeten Lebensmittel, die zunächst vom Kühlschrank in den Gefrierschrank wanderten, am Ende doch im Abfalleimer. In diesen Fällen fielen überschüssige Lebensmittel dem „Aufräumen" des Gefrierschranks zum Opfer, vor allem, wenn sich im Haushalt keiner mehr an den Artikel erinnern konnte und die Befürchtung aufkam, dass er schon so lange im Gefrierschrank lag, dass er inzwischen verdorben war.

194 Kate und Louise waren bereits Freundinnen, bevor sie in die WG einzogen, und sie erledi-

gen ihre Einkäufe größtenteils zusammen. Außerdem unterstützen sie einander dabei, „gesund zu essen", denn im Sommer möchten sie beide wieder ihre „Bikinifigur" haben.

195 Er erzählt mir aber, dass sie es hin und wieder dann doch ansprechen, nämlich in Fällen, in denen es sie besonders gestört hat. Er nennt auch ein Beispiel: Kate sei regelrecht über ihn „hergefallen", als er einmal betrunken nach Hause gekommen sei und einen der „Weight Watchers"-Keksriegel gegessen habe, die sich die Mädchen gekauft hatten. Zu einem späteren Zeitpunkt sagen Kate und Louise, es sei ihnen im Grunde egal, dass er ihr Obst ist, eigentlich sei es sogar ganz lustig, und es sei immer noch besser, als wenn es im Müll landet.

196 Sie friert die Reste teils in mikrowellen-, teils in ofengeeigneten Behältern ein. Je nachdem, wie lange der Besuch dauern wird, entscheidet sich für das eine oder das andere. In der Mikrowelle geht das Aufwärmen schneller, trotzdem zieht sie den Ofen vor, wenn die Zeit ausreicht.

197 Hetherington 2004: 159, eigene Hervorhebung.

198 Appadurai 1986, Kopytoff 1986.

199 Gregson et al. 2007b.

200 Gregson et al. 2007b: 198.

201 Hier möchte ich anmerken, dass der Begriff „Abfall" auch auf alle Fälle angewendet werden kann, in denen etwas *vorzeitig* (d. h. bevor sein Restwert ausgeschöpft worden ist) in den Abfallstrom gelangt (siehe Evans 2012b).

202 Zum Zeitpunkt der Studie war Recycling in keiner der beiden untersuchten Straßen obligatorisch. Anderswo in der Welt (zum Beispiel in Teilen von Japan oder in Kalifornien) gibt es Initiativen, die durchsetzen wollen, dass nur noch durchsichtige Müllsäcke verwendet werden, damit die Kommune sofort sieht, welcher Haushalt seinen Müll nicht ordnungsgemäß trennt, und entsprechend Geldbußen kassieren kann. In Europa gibt es rund ums Recycling vielerorts klare Vorgaben. Viele Haushalte halten sich daran, man muss sie nicht dazu zwingen.

203 Gregson et al. 2007b: 198.

204 Zu emotionalen Reaktionen auf Lebensmittel siehe Kristeva (1982) und Warin (2010).

205 Murcott 1993, siehe auch Coles und Hallet 2013. Siehe Kapitel 7 und das Fazit zu den Feinheiten im Spektrum von Nahrung und „Nicht-Nahrung".

206 Die Analyse in Kapitel 3 und 4 legt nahe, dass die Anschaffung überschüssiger Lebensmittel unterschwellig mit den Mustern des Konsums in einem Haushalt verwoben ist. Das bedeutet, dass sich dieses Problem durch eine bewusste Intervention nicht einfach so

beheben lässt – und dass die Verbraucher es gar nicht unbedingt selbst beheben können.

207 Hetherington 2004: 170.

208 namentlich Gregson et al. 2007a, 2007b.

209 Gregson et al. 2007a, 2007b.

210 Ingold 2007.

211 Bennett 2007.

212 Bennett 2010.

213 Bennett 2007, siehe auch Hawkins 2006.

214 siehe auch Gregson et al. 2010.

215 Bennett 2007.

216 Zu diesem Punkt der Studie besaßen sie noch keinen speziellen Behälter für Biomüll. Den bekamen sie erst später. Weiter unten wird ausführlicher untersucht, wie sich der Biomüll darauf auswirkt, wie viele Lebensmittel sie wegwerfen.

217 Gregson et al. 2007b: 196.

218 Chappells und Shove 1999.

219 Alle Bemühungen, überschüssige Nahrung über alternative Kanäle zu entsorgen, sind, im Gegensatz dazu, mit allen möglichen Schwierigkeiten behaftet – wie wir später noch sehen werden.

220 Munro 1995.

221 Hetherington 2004: 170.

222 Shove und Southerton 2000, Pink 2004, Watkins 2006, Silva 2010.

223 Bulkeley und Gregson 2009.

224 Bulkeley und Gregson 2009: 937.

225 Bulkeley und Gregson 2009.

226 Chappells und Shove 1999.

227 Miller 1988, Bulkeley und Gregson 2009.

228 Olsen 2010.

229 Metcalfe et al. 2013: 147.

230 Metcalfe et al. 2013: 141.

231 Der kleinere Behälter benötigt weniger Platz, wird ästhetisch als nicht so störend empfunden und wird häufiger geleert. So können Haushalte Biomüll sammeln und zugleich für Sauberkeit, Ordnung und Hygiene daheim sorgen.

232 Metcalfe et al. 2013: 146.

233 Olsen 2010, Metcalfe et al. 2013.

234 Gregson et al. 2007b.

235 verschiedene Beiträge bei Schrift 1997.

236 Nigella Lawson ist eine britische Starköchin, in deren Kochbüchern und Fernsehsendungen es immer wieder darum geht, wie man zur „Göttin von Heim und Küche" wird.

237 Sie bereitet aufwendigere Gerichte zu, wenn es einen besonderen Anlass gibt und wenn sie mehr Zeit zum Kochen hat.

238 Lévi-Strauss 1966.

239 Es sei darauf hingewiesen, dass das stets vorhandene Potenzial von „schlechtem" Essen (das also nicht durchgegart oder verdorben ist, das allergische Reaktionen auslöst oder anderweitig zum Verzehr ungeeignet ist), Menschen krank zu machen, oft Grund

genug ist, überschüssige Lebensmittel nicht zu verschenken.

240 siehe auch Lucas 2002.

241 Cherrier 2009.

242 Crouch und Ward 1997.

243 Das Gleiche kann man vom Überschuss aus dem Anbau von Obst und Gemüse im eigenen Garten sagen, ob in Form von rohem Obst und Gemüse oder handbeschrifteten Einmachgläsern.

244 In Kapitel 8 werde ich etwas optimistischer und werde einige Optionen darlegen, die sich hieraus im Hinblick auf Initiativen zur Reduzierung der Menge weggeworfener Lebensmittel ergeben.

245 Gregson et al. 2007a, 2007b.

246 siehe auch Clarke 2000.

247 DeVault 1991, Lupton 1996.

248 siehe Cappellini 2009.

249 Mittagessen in einem Kästchen, das japanische Mütter ihren Kindern mitgeben.

250 siehe auch Cappellini 2009.

251 Miller 2001b.

252 siehe Strasser 1999.

253 Shove und Warde 2002.

254 siehe Warde 2005.

255 siehe James et al. 2009.

256 Siehe auch die Systeme zum Lebensmittel-Recycling in Kapitel 6.

257 siehe Evans 2012b.

258 siehe auch Reno 2009.

259 Das soll mitnichten heißen, dass sie nicht wichtig wären. Im Gegenteil, sie sind von ganz grundlegender Bedeutung, und ich hoffe sehr, dass die kurze Erwähnung hier ausreicht, andere Forscher zu einer ernsthaften und nachhaltigen wissenschaftlichen Auseinandersetzung mit den unzähligen Fragen anzuspornen, die sich rund um die Verbindungen zwischen exzessivem Genuss, Fettleibigkeit und Lebensmittelverschwendung ergeben.

260 z. B. Edwards und Mercer 2013.

261 in Anlehnung an O'Brien 2013.

262 Im Anschluss an Latour (2007) ziehe ich es vor, „das Soziale" als etwas zu sehen, das durch die „Versammlung" von Menschen und Nicht-Menschen zusammengehalten wird.

263 z. B. Jackson und Everts 2010, Milne et al. 2011, Meah und Watson 2012, Watson und Meah 2012, Jackson et al. 2013.

264 Jackson et al. 2013.

265 Wilkinson 2001: 17.

266 Jackson und Everts 2011: 2801.

267 siehe Jackson et al. 2013.

268 Jackson et al. 2013.

269 Jackson und Everts 2010, Watson und Meah 2013.

270 siehe Hawkins 2006.

271 Milne et al. 2011: 185.

272 siehe auch Gregson et al. 2007a.

273 Alexander et al. 2013.

274 Wichtig ist, dass daran auch sogenannte „alternative" Modelle der Lebensmittelproduktion und -verteilung schuld sind. So verkaufen nicht nur Supermärkte Lebensmittel in zu großen Packungen (siehe Kapitel 4). Auch in der „grünen Kiste" vom Biohof, die man sich nach Hause liefern lassen kann, befinden sich oft so viele verderbliche Produkte, dass der Haushalt am Ende die Hälfte wegwirft, weil er keine Verwendung mehr dafür findet.

275 Bulkeley et al. 2007.

276 Ich danke Tom Quested von WRAP für diesen Hinweis.

277 Ich würde dies hier lieber als *Prävention von Überschuss* und Strategien zur *Umleitung von Überschuss* bezeichnen.

278 In Teilen Asiens gehört das bereits zum Alltag.

279 Evans et al. 2012.

280 Metcalfe et al. 2013: 147.

281 Metcalfe et al. 2013.

282 siehe auch Bulkeley und Gregson 2009.